Wheel of Retailing

of

Malcolm P. McNair

「小売の輪」の循環

アメリカ小売業の発展史に潜むダイナミクス

鳥羽達郎
訳・解説

同文舘出版

訳者はしがき

　本書は，流通論や商業論の分野で最も有名な理論（あるいは，仮説）の1つと認められる「小売の輪（wheel of retailing）」が提唱された論文を収録する著書の *Competitive Distribution in a Free High-Level Economy and Its Implications for the University* を翻訳したものである。ハーバード・ビジネス・スクール教授のマルカム・P・マクネア（Malcolm P. McNair）によって見出された「小売の輪」は，国内外の流通論や商業論の教科書では必ずといってよいほど取り上げられる重要な理論となっている。したがって，多くの読者が「小売の輪」について熟知していることだろう。半世紀以上も前に提唱されたものであるが，現在でも小売業の研究で頻繁に引き合いに出される理論である。

　しかし誤解を恐れずにいえば，原著に目を通した上で議論されているものは必ずしも多くない。なぜなら，原著を手にすることが難しいからである。同書は，マクネアが1957年5月にピッツバーグ大学で開催されたセミナーの基調講演で発表した論文と数名の登壇者による討論の原稿を編纂して書籍化されたものであることから，一般的な専門書や教科書のように広く流通していないことに起因している。

　また「小売の輪」については，若干誤解されている部分がある。一般的には，もとより小売機関の栄枯盛衰や世代交代を説明する理論として提唱されたものと認識されている。しかしマクネア自身は，そのように意図していたわけではなかった。アメリカ小売業の発展史を展望する中で見出された特徴的な動きについてわずかな紙幅で説明したものが，大きな議論を引き起こしてきたのである。そもそもマクネア自身は，その論文や著書で一度も「小売の輪」という用語を使っていない。この用語は，ミシガン州立大学教授のスタンレー・C・ホランダー（Stanley C. Hollander）が1960

i

年に『ジャーナル・オブ・リテイリング (*Journal of Retailing*)』で発表した論文でマクネアの議論を敷衍し，それを「小売の輪」の仮説と称して[1]発展的に検討した際に初めて用いられた。本書は，こうした経緯を踏まえて，マクネアによってなされた本来の議論に目を向けることを目的としている。

　原著のタイトルを日本語に直訳すると『自由高度経済における競争的流通と大学に対するその含意』となるだろう。マクネアの論文やセミナーでの討論内容を踏まえると，訳書のタイトルとしてはこのままでも差し支えない。しかし本書の出版は，マクネアがアメリカ小売業の発展史に見出した「車輪の回転」について振り返ることを主たる目的としている。したがって，マクネアの論文における「近年，小売機関にいくつかの変化がうかがわれるが，一体，何がその原動力となっているのであろうか。アメリカの流通には，大なり小なり1つの明確な循環（周期的現象）が存在しているように思われる。その車輪（the wheel）は，常に回転しており，時にはゆっくりと，そして時には速く回転するが，動きを止めることはない。その循環は，きまって大胆で斬新な発想，すなわち『革新』を原動力としてきた」[2]という一節を踏まえて，『「小売の輪」の循環』とした。

　マクネアの論文を収めた「Ⅰ　本論」では，最初にアメリカ小売業の発展過程が展望されている。この論文で，いわゆる「小売の輪」について言及されている。続いて，セミナーに登壇した4名の講演録が収められている。マクネアの基調講演を受けて，各討論者が関心のある部分について議論を深掘りしている。1人目の討論（アイラ・D・アンダーソン，ノースウェスタン大学）では，小売業の教育には学際的な視点が要求されることについて言及されている。2人目の討論（チャールズ・M・エドワーズ，ニューヨーク大学）では，当時の小売業が直面する主要な問題について言及されている。3人目の討論（C・ヴァージル・マーティン，カーソン・ピリー・スコット商会）では，小売業の研究教育について，産学連携の取り

組みを通じて，学術と実務の融合を図ることの必要性が唱えられている。そして4人目の討論（リーヴィス・コックス，ペンシルベニア大学）では，小売業の発展と都市の関係性について考察されている。半世紀以上も前に議論されたものであるが，いずれも現代社会に通じる示唆に富む有意義な議論が繰り広げられている。なお原著では，討論者の講演録にはタイトルが付されていない。しかし本書では，討論の内容を踏まえて便宜的にタイトルを付している。

　次いで，「Ⅱ　資料」では，1931年に『ハーバード・ビジネス・レビュー（*Harvard Business Review*）』に掲載されたマクネアの「大規模小売業の潮流（Trends in Large-Scale Retailing）」と題する論文の翻訳を掲載している。なぜなら，Ⅰの論文で「車輪の回転」と表現されたアメリカ小売業の歴史にみられる発展パターンについては，車輪の比喩表現こそ用いられていないが，すでに本論文で言及されていたからである。そうした意味では，本論文に「小売の輪」の起源を求めることができる。そして「Ⅲ　解説」では，マクネアの研究教育と「小売の輪」について概説している。なお本章は，マーケティング史学会編（2019）『マーケティング学説史：アメリカ編Ⅱ』（同文舘出版）に所収されている「第8章M・P・マクネア：小売業態論の創始者」に加筆修正を施したものとなる。とりわけ，「小売の輪」にかかわる国内外の代表的な議論の成果を整理している。本書が，流通業や小売業の研究教育に少しでも資することを期待したい。

　訳者が「小売の輪」について学んだのは，大学3年生の時に受講した商業形態論の講義であった。欧米や日本における主要な小売業態の発展史が詳細に説明された後に，講義の終盤で荒川祐吉・白石善章（1977）「小売商業形態展開の理論：『小売の輪』論と『真空地帯』論」『季刊 消費と流通』第1巻 第1号（日本経済新聞社）を教材として解説を受けた。大局的な視座から小売業の歴史を展望し，その動態の背後に潜む原理を追究する

ことに興味を抱いた。この論文との出会いが，流通やマーケティングの研究を志すきっかけとなった。その後，幸運にも同論文の執筆者となる白石善章先生（流通科学大学名誉教授）に貴重なご指導を受ける機会に恵まれた[(3)]。白石先生との出会いがなければ，現在の訳者はなかったといっても過言ではない。この翻訳出版は，学生時代から白石先生と共に取り組むことを夢見ていたものである。残念ながら当初の希望を叶えることはできなかったが，白石先生から受けた多大なる学恩に感謝しながら本書の出版をご霊前に報告申し上げたい。

　このように貴重な文献を翻訳出版する機会に恵まれたことは，訳者にとってこの上ない喜びである。本書を翻訳する過程では，多くの方々にお世話になった。とりわけ，佐々木保幸先生（関西大学経済学部教授），菅澤理恵子先生（富山大学経済学部助手），岸　崇司氏（富山大学経済学部卒業生），そして畑中彩伽氏（富山大学経済学部卒業生）には草稿に目を通してもらい，貴重な指導や助言を頂戴した。この方々の力添えがなければ，本書を完成させることはできなかった。この場を借りて御礼を申し上げたい。翻訳には慎重を期したが，あり得る誤謬はすべて訳者の責任に帰すことはいうまでもない。

　末筆ながら，本書のように専門性が高い著書の翻訳出版をお引き受けくださった同文舘出版株式会社代表取締役の中島治久氏に御礼を申し上げたい。また，本書を担当してくださった専門書編集部の青柳裕之氏には，大変お世話になった。さまざまな事情で出版計画に大幅な遅れが生じたにもかかわらず，絶えず励ましの言葉を頂戴してきた。さらに同編集部の高清水　純氏には，懇切丁寧な校正作業に尽力を賜った。高清水氏のおかげで，訳者の拙い草稿が大幅に改善された。心より感謝を申し上げたい。

2022 年 3 月吉日

鳥羽達郎

■追記

本書は，JSPS 科研費の JP20K01848 と JP18K01900 の助成を受けて実施した研究成果の一部であることを明記する。

■注

(1)　Hollander (1960), p. 37.〔嶋口訳（1979），99 頁〕
(2)　McNair (1958), p. 17.
(3)　白石（2014），v 頁。

■参考文献

日本語文献（五十音順）

荒川祐吉・白石善章（1977）「小売商業形態展開の理論：『小売の輪』論と『真空地帯』論」『季刊 消費と流通』1（1），日本経済新聞社，88-93 頁。
白石善章（2014）『市場の制度的進化：流通の歴史的進化を中心として』創成社。

外国語文献（アルファベット順）

Hollander, S.C. (1960) "The Wheel of Retailing," *Journal of Marketing*, 25 (1), pp. 37-42.〔嶋口充輝訳（1979）「『小売の輪』仮説について」『季刊 消費と流通』3（1），日本経済新聞社，99-104 頁〕
McNair, M.P. (1958) "Significant Trends and Developments in the Postwar Period," in Smith, A.B. (ed.), *Competitive Distribution in a Free High-Level Economy and Its Implications for the University*, University of Pittsburgh Press, pp. 1-25.

目　次

Ⅱ　資料

Ⅲ　解説

I

本論
Main Discourse

Competitive Distribution in a Free High-Level Economy and Its Implications for the University
Edited by Albert B. Smith（Dean, Graduate School of Retailing University of Pittsburgh）

Library of Congress Card Catalog Number: 58-8227
©1958, University of Pittsburgh Press
Printed in the United States of America
Arthur W. Rippl Printing Company

序　文

　ピッツバーグ大学の第12代総長としてエドワード・H・リッチフィールド博士（Dr. Edward H. Litchfield）が就任することを記念し，1957年5月10日，17分野に及ぶテーマを掲げるセミナーが開催された。一連のセミナーは，これまでの大学教育を振り返り，各研究分野を代表する著名なリーダーたちと将来の教育について討論することを目的として企画されたものである。

　この17分野に及ぶセミナーでの貴重な討論内容は，ピッツバーグ大学出版から『自由社会における学びの新たな諸側面（*New Dimensions of Learning in a Free Society*）』と題してシリーズで刊行する。このタイトルは，リッチフィールド総長の就任を記念するセミナーの統一テーマであった。

　小売業の研究教育を専門とする本学大学院の教員が企画した本セミナーで発表された諸論文は，非常に優れたものであった。したがって，セミナーの参加者だけではなく，小売流通を学ぶすべての方々が共有できるようにすることが望ましい。

　およそ40年間，ピッツバーグ大学の小売学大学院（the Graduate School of Retailing）は，小売業の研究教育を主導してきた数少ない先駆者の1つである。本セミナーの根幹となる目的は，急激な勢いで成熟する小売流通に携わる経営者が優れた顧客サービスを提供するために若い人材の育成に際して取り組まなければならない課題を探ることにある。すなわち，どのような取り組みが最終消費者に最も効率的で望ましい商品流通をもたらすのかという問題について議論するのである。

　ハーバード大学経営管理大学院（the Graduate School of Business Administration, Harvard University）でリンカーン・フィレーン記念講座小売学

教授（Lincoln Filene Professor of Retailing）を務めるマルカム・P・マクネ
ア教授は，本セミナーに最も相応しい基調講演の登壇者といえるだろう。
彼の大学教授，専門書や論文の執筆者，そして大規模小売企業の役員とし
ての多大なる貢献は，産業界と教育業界の連携がもたらした成果の象徴と
いえる。この『自由高度経済における競争的流通と大学に対するその含意
（*Competitive Distribution in a Free High-Level Economy and Its Implications
for the University*）』と題する論文集は，小売業が担う役割の重要性やその
動態を見事に分析しており，ビジネス・パーソン（経営者・実業家）や大
学教授にとって示唆に富むものがある。

　ノースウェスタン大学で商学部の副学部長を務めるアイラ・D・アン
ダーソン（Ira D. Anderson）氏には，経営学の学部教育にかかわる観点か
らマクネア教授の論文にコメントを頂戴した。大学教授，論文や専門書の
執筆者，そしてアメリカ・マーケティング協会の前会長という豊富な経験
を持つ同氏のコメントは，学部教育が抱える課題を見事に浮き彫りにして
いる。

　次いで，ニューヨーク大学で小売学部の学部長を務めるチャールズ・
M・エドワーズ・ジュニア（Charles M. Edwards, Jr.）氏は，小売業の教育
に備わる基本的な困難性を実態に即して率直に言及している。四半世紀を
超える間，有能な大学教授や小売学教育課程の運営者として活躍してきた
同氏に，本セミナーの討論者を依頼することは自然の成り行きであった。

　またセミナーの討論者に，小売産業の明敏な代弁者として，カーソン・
ピリー・スコット商会（Carson Pirie Scott & Co.）で副社長と総支配人と
いう要職を務めて小売業界を率いてきたC・ヴァージル・マーティン（C.
Virgil Martin）氏を招くことは望ましく，小売流通の課題を探るために理
想的な人選となった。

　小売流通に広範なマーケティングが要求されることについては，ペンシ

ルベニア大学ウォートン校でフード・フェア・ストアズ財団（Food Fair Stores Foundation）のマーケティング教授を務めるリーヴィス・コックス（Reavis Cox）博士に素晴らしい講演を賜った。これまで数々の伝統的なマーケティング概念を乗り越えようと挑戦してきたコックス博士には，消費者を意識したマーケティングの観点から都市の分析に取り組むことでセミナーの閉幕を飾っていただいた。

　残念ながら，本書にはセミナーの最も重要な部分を適切に反映させることができなかった。それは，本書に掲載する議論に参加した方々の見識や視野の広がりである。今回のセミナーを拝聴し，小売学大学院の教育課程が今後の社会に大きく資することは疑う余地がないと信じている。

アルバート・B・スミス（Albert B. Smith）

ピッツバーグ，ペンシルベニア州

1957 年 7 月

セミナーにおける講演

　本書は，エドワード・ハロルド・リッチフィールド（Edward Harold Litchfield）博士が
ピッツバーグ大学の第 12 代総長に就任したことを記念し，1957 年 5 月 9 日から 11 日にか
けて開催されたセミナーにおける一連の講演を収録したものである。

Significant Trends and Developments
in the Postwar Period

戦後期の著しい潮流と発展

ハーバード・ビジネス・スクール
リンカーン・フィレーン記念講座　教授
マルカム・P・マクネア（Malcolm P. McNair）

1. はじめに

　アメリカの経済において，小売業者が衣食住にかかわる単なる生活必需品の供給者であった時代が過ぎ去って久しい。世帯家族の41％が5,000ドルを超える年収を手にするようになり[1]，この10年間で自由裁量支出力は158％も上昇した[2]。そして小売業者は，人々の希望，願望，夢がより良い日常生活という形で叶えられ，生活水準が大幅に向上した奇跡的な状況に存在している。現在のアメリカのような経済体系が発展してくると，小売流通の仕事は，消費者満足や効率的な経済機能という観点から一層その重要性を増すことになる。現在のアメリカで有能な小売業者になることは，自身の能力に対する1つの挑戦であり，社会に役立つ貴重な機会にもなる。

　今世紀を通じて，現在ほど小売流通が劇的に変化する時代を経験したことはない。こうしたアメリカ流通の特徴は，高度な経済，あらゆる基準が比較的に自由な経済，そして流通が高度に競争的な経済の絡み合いの中か

らもたらされてきた。本稿は，現代アメリカにおける流通の現状を小売部門に焦点を当て，その動態と課題について概説することを目的としている。

　現代の小売流通は，その諸力や動態を明確に分類することが困難となるほどに複雑な様相を呈している。しかし戦後期には，ここ数年と今後の小売企業の進化に大きく寄与する，相互に関連性が備わるいくつかの展開がうかがわれた。

2.　大量消費市場の到来

　戦後のアメリカ小売業にとって最も基盤となる発展は，明らかに大規模で購買力を備えた新たな大量消費市場（マスマーケット）が成長していることである。近年の人口増加に伴って，毎年メリーランド州の人口に相当するほどの新規市場が創出されている。1940 年以降，アメリカでは 29%以上の人口増加が示され，現在では 1 億 7,000 万人もの消費者が存在している。また年間 400 万人もの生命が誕生しているが，その平均寿命は 1900 年に生まれた子供たちに比べると 20 年以上も伸びている[3]。現在，アメリカの小売市場は 4,600 万世帯の家計から構成されており，その規模は年間 100 万世帯単位で増加している[4]。これは 1947 年に比べて 10%ほど低い割合であるが[5]，1956 年には全世帯の 41%が 5,000 ドル以上の年収を得ている[6]。

　人口と収入という要因を併せて考察してみると，労働人口 1 人当たりの可処分所得が，1956 年の貨幣価値を基準とした場合，1939 年の 1,053 ドルから 1956 年には 1,706 ドルへと増加していることは注目に値する[7]。1948 年以来，消費者物価指数は 15%上昇しているが，製造業に従事する労働者の平均週給はそれを遥かに上回り，同期間（1948 年から 1956 年まで）に 52%も増加している[8]。この 9 年間で，消費者が食品，衣料品，自

動車，各種の備品や雑貨を含める代表的な消費財を購入するために働かなければならない時間は実質的に 10％から 60％の範囲で減少している[9]。基礎生活費を差し引いた後の支出可能な収入，いわゆる「自由裁量支出力」が 1947 年以降に 158％も上昇していることは，現代小売流通の動向を適確に把握するという本稿の目的に役立つ統計値となる。債務が伴う自由裁量支出力の規模は，1947 年 1 月の 130 億ドルから 1957 年 1 月の 410 億ドルに及ぶ消費者信用の急成長を反映したものとなる[10]。こうした状況の中で，年間個人貯蓄額は 1947 年の 40 億ドルから 1956 年には 210 億ドルまで増加しているが，基礎生活費以外の余剰支出に適用される「裁量」という言葉が適当であるかについては疑問である[11]。

　この新たな大量消費市場の量的な変化は目に付きやすいものである。しかしマーケティングを行うためには，質的な変化により重要な意味合いが備わる。消費者の購買力が高まることを受けて，需要を拡大するだけではなく，新たな需要をも創造するのである。すなわち，それは多くの人々が入手できなかった商品を享受できるようになり，これから購買力を増すと見込まれる消費者の需要を先取りした新製品が開発されるという意味で新たな需要を創造するのである。

3. 絶え間ない生産

　経済学には，「供給が需要を生む」という常套句がある。しかし，それは鶏が先に存在していたのか，それとも卵が先に存在していたのかという命題のように，明確な根拠は存在しない。そしてポール・マズール（Paul Mazur）を筆頭に，「20 世紀半ばのアメリカ経済における真の推進力は，生産部門というよりも，むしろ劇的に変化する流通部門であった」という識者もいる。したがって，この点について検討することなく，戦後期のア

メリカにおける生産力の拡大，新しい企業の登場，そして長期経営計画を
策定する企業の増加を以て，不況に「終止符」が打たれたと認識すること
はあまりにも早合点が過ぎるように思われる。近年，急激な技術革新，熱
心な研究活動，自動電算データ処理機の発達に伴い，アメリカの製造業に
おける産業機械設備は熟練労働者不足の問題や必要不可欠な生産財の安定
供給の問題に苛まれることなく，無制限に商品を供給している状況にあっ
た。第二次世界大戦が終結して以来，工場施設や機械設備に対して 1,130
億ドルもの投資がなされたことに伴って，製造業の生産力は 2 倍に拡大し
た[12]。実際，マグロウヒル経済部（McGraw-Hill Department of Economics）
の報告によれば，1950 年以降，63％もの成長を遂げてきた[13]。

　市場に押し寄せる大量生産された商品の圧力が，今後の流通を形成する
重要な原動力となっている。第二次世界大戦後のアメリカ製造業における
最も重要な課題は，生産活動の再開と戦争に起因する物不足の期間に縮小
した供給網の再構築であった。やがてこれらの課題は達成されるが，次な
る課題は 1930 年代における不況期後の「追い付き（catching up）」需要だ
けではなく，購買力を付けた中産階級層の予想を上回るほどに拡大した大
規模な需要に対応することであった。終戦直後の流通経路（チャネル）に
おける商品の流れは，生産部門から圧力が及ぶこともなく，順調かつ規則
的であった。やがて 1950 年に朝鮮戦争（1950 年 6 月-1953 年 7 月）が勃発
し，需要の拡大（朝鮮特需）を引き起こす契機となった。したがって，戦
後初期における商業者間の激しい競争状態はわずか 5 年から 6 年の間に緩
和された。しかし，革新的な機械設備の開発や生産技術の刷新などを通じ
て生産力が拡大し，大量の商品が注ぎ込まれることによって，正規の流通
経路が築いてきた堤防が打ち砕かれ，着実に「公正取引」という堤防を浸
食している。

　生産段階における競争の激化はだれもが認める事実であり，それは商品

の価格構造や伝統的な流通経路に大きな圧力をかけることになった。それだけでなく，広告活動やその他の販売活動にまで影響を及ぼした。1951年以来，国民総生産に占める広告費の割合は，1951年の1.95％から1956年の2.40％へと着実に上昇を示している[14]。全米広告主協会（the Association of National Advertisers）の調査によれば，1957年度の同協会の年間予算は前年度の予算に対して10％の増額が見込まれている[15]。生産段階における激しい競争が，流通段階における競争を激化させたことは疑いの余地がない。また，革新的な小売業者は製造業者から良い条件で商品調達を可能とし，設備や備品に対する支援を受けてきたことが報じられている。消費者信用の普及によって，生産部門から押し寄せる圧力は大幅に緩和された。しかしながら，伝統的な流通経路や流通手段，とりわけ耐久消費財の流通には，さまざまな形で圧力やひずみの兆候がうかがわれる。こうした競争的な状況が企業の合併を招いている。その結果，吸収する側に経営の主導権が集中し，少なからずともマーケティングの強化につながっている。

4. 小売革命

戦後期における小売業の発展は非常に目覚ましく，我々はそれを「小売革命（the Retail Revolution）」と称すようになった。小売革命は，さまざまな社会の変化や企業の変革に誘発されたものである。その根本的な原因を3つ抽出するならば，自家用車による交通の急成長，人口（とりわけ，中流上層階級）の郊外流出とそれに伴う支出パターンの変化，そしてスーパーマーケットの登場を取り上げることができるだろう。この中で，最初の2つが相互に関係していることは明らかである。しかし，それらは小売業に直接関係する問題とはいえない。3つ目のスーパーマーケットの登場

は，確かに交通基盤の発展に負うところが大きいが，小売業自体からもたらされたものである。以上に示した根本的な原因のすべては戦前から兆候を示していたが，顕著な展開を示したのはこの十数年のことである。現在は，1945年の2倍に相当する5,500万人もの人々が自家用車を所有している(16)。また，人口の郊外流出も火山が噴火するような激しい勢いで進展している。1950年から1956年にかけての都心部における人口増加率はわずか5％に過ぎなかったが，郊外部は17％もの増加率を示した。さらに1950年には，それまで「田舎」と分類されていた大都市圏で爆発的に増加した(17)。そして1956年には，1954年の商業センサス（基本調査）に記録されていた38万5,000店の食品店のうち，2万7,000店がスーパーマーケット型の食品流通へと成長していた。それらが食品小売業の62％のシェアを占めており，小売業界でセルフサービスの精神と技術を広範に普及させる役割を果たした(18)。

　本来，小売革命は，20世紀中頃の文化から生じたものであり，それに相応しい用語がなかったことから「サバービア（Suburbia）」[1]と称された社会革命の一側面となる。これは表面的な見解なのかもしれないが，この文化の要素を列挙するならば，中産階級の拡大とその購買力の向上，週40時間・5日労働制の導入，交通手段としての1家族1台以上の自家用車の普及，マイホームの所有，早期結婚と大家族化の進行，女性の社会進出，家電製品や加工食品の発達による家事負担の軽減，レクリエーションや娯楽活動の普及，そして課外活動やDIY（do it yourself）商品の普及などが挙げられる。

　このような社会革命が，小売業に多大なる影響を及ぼしてきた。例えば，小売店は遅ればせながら顧客を追い求めるようになり，店舗施設の郊外への分散化が時代の風潮となった。具体的には，通信販売，専門店，そしてチェーンストアによる分散型の事業展開である。百貨店は伝統的な事

業展開に固執したために郊外進出が遅れたが，現在は郊外での支店経営に力を注いでいる。また，買い物はもはや気晴らしや娯楽ではなく，できるだけ手短に済ませたい仕事や雑用として認識されるようになったことから，こうした購買習慣の変化に対応する必要があった。手短に，便利に，気軽に，かつ自家用車で買い物に行きたいという消費者の要求に対しては，分散的な立地条件，近代的な店舗施設，十分な駐車スペースの提供に加え，開放型の陳列や効率的な施設の配備，ブランド政策による販売促進，セルフサービスや簡略な販売方式の導入など，あらゆる手段を用いて対応しなければならなかった。そして現在，スーパーマーケットが社会に及ぼす影響は大きくなっている。こうした複雑な社会変容への対応として，夕暮れ時まで営業時間が延長されるようにもなった。なぜなら，夕暮れ時は自動車を利用しやすい時間帯であり，夫婦が子供と時間を過ごすことができる時間帯であり，夫婦揃って家庭の買い物に出掛けることができる時間帯でもあったからである。実際，1956 年に新規参入したスーパーマーケットの 1 週間当たりの営業時間は，平均 72 時間であったことが報告されている[19]。

　さまざまな環境変化に対する小売業の最も印象的な反応は，広域型の計画的ショッピングセンターの開発であった。このような事業は，将来を危険にさらす無計画な取り組みによる混乱を回避し，長期的な視点に立って地域社会を担う小売機関（retail institution）を整備するために，交通や駐車場の問題を考慮しながら，競争力のある施設や補完的な施設を設置するように努めている。

　一方，こうした状況の裏で，都心の商業地区は苦しい局面を迎えた。最寄品を取り扱う近隣型の小売業者は例外であったが，これまで主要な役割を担ってきた都心の商業は郊外に登場した商業に顧客を奪われ，販売量の減少，税金の上昇，そして資産評価の低下という悪循環に陥った。これは

アメリカ小売業の歴史で直面してきた最も複雑な経済問題の1つとなる。その解決には，最先端の小売業者がさまざまな同業者団体と連携することによって，最大限の力を発揮することが求められる。幸いなことに，既にいくつかの取り組みが観察される。

　サバービアへの対応として小売流通を取り巻く環境に発生した大きな変化は，事の全体像を捉えていない。その因果関係は不明であるが，消費者の支出パターンに見られる大きな変化は，新たな生活様式の到来に伴って生じているように思われる。例えば，消費者は耐久消費財に対する支出を増やす一方で，衣料品に対する支出を抑えてきた。1952年には耐久消費財を取り扱う小売業が可処分所得の23％を吸い上げていたが，1955年には25％に増加している。一方で衣料品店や百貨店については，1952年の8.8％から1955年には8％まで低下している[20]。1956年にはこうした動向に若干の逆転が生じたが，この間における需要の変化は著しく，製造業に対する影響も統計数値に表れている。耐久消費財の生産に対する連邦準備金指数は，1948年の102から1956年には131に上昇した。しかし同時に，繊維や衣料品の生産に対するそれは，103から108までのわずかな上昇にとどまる[21]。このような耐久消費財に対する需要の著しい上昇は，耐久消費財のスーパーマーケットに相当するディスカウントハウス[2]の急成長を促した主な要因の1つとなる。

　こうした事実と同様に非常に興味深いことは，一般消費財の価格が上昇する一方で，食品の小売価格は1952年以降，漸次低下していることである[22]。それにもかかわらず，食品店における消費支出の割合は，平均所得が上昇したこの期間においてさえも，1952年の13.6％から1956年の13.7％と，変化がほとんど見られない[23]。収入が上昇するにつれて，消費支出に占める食料費の割合が低下するというエンゲルの法則（Engel's law）に対する矛盾は，調理済みの食品に含まれるサービス費の増加，

スーパーマーケットにおける非食品の取り扱いの拡大とその販売量の増加，そして贅沢な食品の販売量の増加などから説明できるだろう。あくまでも推定の域を脱することができない他の経済法則と同様に，エンゲルの法則はエンゲルが慣れ親しんだ文化に限って妥当性があり，食品の質的な多様性を考慮せずに定式化されたものといえる。

　現代流通の変化の行方とその速度に対する小売業者の適応行動は，革新的というよりも，むしろ進化的といった方が適当だろう。しばらく著しい変化がうかがわれなかったことから，近年になって次々と生じてきた変化が一層革新的に感じられるのである。いわゆる「小売革命」とは，近年の流通業に見られる顕著な発展を意味する。

5．変化する消費者の忠誠

　現在，我々は消費者に生じてきた変化に関心を寄せている。具体的には，伝統的な小売業者に対する消費者の忠誠心（ロイヤリティ）が希薄化してきたことである。消費者は多くの側面で洗練されてきたが，依然として小売業者の思惑に乗せられている部分がある。

　従来，小売業者は消費者の購買代理業者として自己認識してきたが，そのような認識は今日でも妥当するのだろうか。

　先日，『ハーバード・ビジネス・レビュー（*Harvard Business Review*）』に寄稿したリーヴィス・コックス（Reavis Cox）教授は，購買代理業者としての視点は，消費者を含めてマーケティング全体に適用されることを力説した。

　　購買代理業者という概念を取り入れて考えるのであれば，マーケティングとは効率性を創造する手段である。本質的には，小売業者，卸売業者，製造業者から直接に商品を購入することは不可能である。実際には，天然資源が採掘される鉱

　山，森林，農場の所有者が商品を販売しているのであって，これらの天然資源は抽出や加工の長い過程で価値が付加される。すなわち，流通の過程では，サービスのみが提供されるのである。

　そうであるならば，マーケティングとは消費者が要求するありとあらゆる商品やサービスの組み合わせを提供する企業活動に過ぎない。買い手となる消費者の基本的な問題は，いかなる組み合わせのサービスを必要とするのか，またどうすれば最も経済的にサービスを享受できるのかについて判断することである。

　購買代理業者としての視点に立つことが，小売業におけるさまざまな問題に対する理解を助けるだろう。そうした意味で，生活協同組合やディスカウントハウスで購入する消費者は，必要な特定のサービスの取り揃えを可能な限り低価格で手に入れる努力をしていることになる。消費者が探し求めるものを入手できるか否かについては，その時々によって異なる問題である。しかし，消費者が欲しいものを探し求めることや彼らが必要とするものを企業が販売しようとすることは，悪徳なことでも不条理なことでもない[24]。

　コックス教授の見解は，もはや小売業者を消費者の購買代理業者として捉えることができない事実を示す上で非常に有意義である。つまり，消費者自身が購買代理業者の役割を担うこともあり，必ずしも「流通が創造する付加価値」と称される小売業の提供物を全面的に受け入れているわけではないことを示唆している。

　現代のマーケティングにおいては，機能的な枠組みをよそに制度的な枠組みで考えることは危険である。優れた商業者となるためには，自身が存在する流通の段階において水平的な観点に限定して諸問題を考察することを避けなければならない。すなわち，商業者は垂直的な観点から，慎重に諸問題に取り組まなければならない。例えば，流通の川上に存在する製造業者と川下に存在する消費者は，いずれも最高の取引を目指して行動するのである。

　基本的な問題は，「だれが必要なマーケティングの諸機能を最も効果的かつ効率的に遂行できるのか」ということである。以前に比べると，今日の消費者は小売機関に対する忠誠心を失いつつある。小売業者以外の主体（製造業者，卸売業者，消費者）が小売段階で小売業の機能を果たすことができ，小売業者以外の主体が流通に付加価値を提供することもできる。例えば，ブランドの販売促進を自ら試みる製造業者やセルフサービス方式を採用するスーパーマーケットで自らカートを押して買い物する消費者がそれに該当する。

　消費者の購買行動が伝統的な習慣から自由になってきたとするのであれば，その変化はどのように説明できるのだろうか。それは，学校教育年数の増加，高等学校における家政学教育の充実，出版物の普及，小売業者の助言に依存しない製造業者の広告活動による消費者側における商品知識の向上，そして商業者のサービスを不要にするほどの商品改良といった要因が原因となっているように思われる。また，セルフサービス方式のスーパーマーケットが広範に普及したことも消費者の購買習慣に大きな影響を及ぼした。それは自分でできることは自分で行うという消費者教育にもつながった。その他，大半の消費者が高額な耐久消費財を買い揃えてしまっている社会状況も大きな影響を及ぼした。消費者の購買力が向上したことや消費者信用が拡大したことは，可能な限り耐久消費財に対する支出を先送りにしたい多くの消費者に，それらの購入に際する価格交渉（値切り），下取り，値引き，そして割引などを教えた。こうした教訓は必ずしも小売業者に限らず，あらゆる業界に通じる。

　しかし，消費者の購買行動において合理性を追求する多様な現象に目を向けるのであれば，消費者に人気のあるトレーディングスタンプ（trading stamp）[3] やその他の販売促進戦略の効果についても同様に検討しなければならない。この戦略は，家計のやり繰りに慎重な主婦層に，それほど大

した出費ではないということを認識させることで贅沢品の購入に伴う罪悪感を取り除き，必要でないものでも必要なものとして認識させる心理的訴求力をも内包していた。かつて食品店がある商品の価格を21セントから19セントに値下げしたことに対して，消費者が抗議したというエピソードがある。なぜなら，その値下げに伴って1枚で1セントの5分の1から3分の1ほどの償還価値に過ぎない景品用のトレーディングスタンプの付与が止められるからであった。しかも，それはディスカウントハウスであれば25％は安く購入できる商品用のトレーディングスタンプだったというのである。

6．利益の圧迫

　次に取り上げる重要な変化について検討するには，小売企業の組織内部に目を向ける必要がある。小売店舗の内部では，経営陣が労働者に支払う賃金とその仕事量のバランスを維持する責任を果たすために奮闘している。現在は，その責任が非常に重くなっており，確実に利益を締め付けている。

　一体，この圧力の正体は何なのだろうか。統計上，流通業に従事する労働者の割合が増加していることは明らかであるが，流通業における労働者の生産性は，製造業のそれと比べてそれほど上昇していない。最近，全米経済研究所（National Bureau of Economic Research）が主宰した厳密な調査においても，製造業の生産性に比べて小売流通業の生産性は劣っているという仮説が検証されている[25]。すべての産業で生産性が向上し，高い賃金の支給が可能となった。しかし，産業間に見られる生産性の格差は厄介な問題を招きかねない。とりわけ，労働者が組織的に団結し，完全雇用状態が定着するに従い，さまざまな問題が顕在化してくる。具体的には，

製造業で生産性が高まれば，同業界の労働者による賃金の引き上げ要求に応じることは可能となる。しかし完全雇用状態となれば，小売業界は必要な労働力を獲得し，それを維持するために賃金の引き上げを余儀なくされる。労働条件，労働内容，そして労働の社会的な評価の違いが適切に考慮された賃金を支給すれば，工場で働くよりも小売店で働くことを魅力的にできるかもしれない。しかし，小売店における労働者の生産性が製造施設（工場）におけるそれよりも低いのであれば，小売業界における賃金引き上げは高コスト経営に陥ることを意味する。さらに，そのコスト上昇を商品の高い値入率で消費者に転嫁できないのであれば，小売業者の収益に支障をきたすことになる。

戦後期後半の小売業界においては，こうした問題が如実にうかがわれるようになった。その窮地は，1951 年以降に顕在化してきた。そして，当時の収入上昇の大部分は小売価格の上昇によって相殺されていた。しかし朝鮮特需が先細りになると，小売業界で時給が上昇し続ける一方で，消費者価格の上昇傾向はその勢いを弱めた。例えば，1950 年から 1955 年までの期間における百貨店の平均時給は，1.09 ドルから 1.32 ドルへと上昇した。しかし同期間の小売物価指数（retail price index）には，ほとんど変化が見られない(26)。

このように，百貨店の総経費率は 1948 年の 31.1％から 1955 年には 33.5％へと上昇し，粗利益率は 1％も上昇したにもかかわらず，税金が控除された後の純利益は 4.2％から 2.8％へと低下している(27)。同様に，バラエティ[4]・チェーンにおける総経費率は 1948 年の 28.4％から 1955 年には 32.5％へと，また粗利益率も売上高の 1％ほど上昇を示したが，税引き後の純利益率は 6.7％から 4.0％へと低下している(28)。これらと同様の傾向が食品店のチェーンにも見られる。1949 年から 1955 年に至るまでの間，総経費率は 15.2％から 16.4％へと上昇するが，税引き後の純利益率は

2.9％から 2.0％へと低下している[29]。

このような困難に直面する小売業者が高い値入率に逃げ道を求めることは，極めて自然な対応といえる。しかし，上述した数値が示唆するように，そうした競争は幕を閉じようとしている。

7．新たな競争

人口が増加し，消費者の購買力も増し，さらに製造業の生産が拡大したことによって，小売施設の数も大幅に増加した。しかし小売企業数は，1948 年の 166 万 8,479 社から 1954 年の 172 万 1,650 社というように，それほど増加したわけでない[30]。ところが，個々の店舗規模については著しく拡大しており，総売り場面積にも大幅な拡大が見られた。

しかし，多くの零細店が閉店を重ねているために，小売施設が総数として増加したわけではない。例えば，食品分野においては，1948 年から1954 年にかけて 7 万 5,000 店もの店舗が減少している[31]。ところが，ここ数年の間は，全体的に小売店舗の規模が著しく拡大してきたことは疑いの余地がない。小売業界における競争の激化は，こうした状況のみに起因するわけではない。少なくとも，物流革命，かつての地域独占の解消，そして本質的にはすべての商品が競争関係にある多様な最寄品の流通単位が大規模化していることなどの影響を受けている。

小売業の売り場面積が拡大し，いくつかの小売流通がスーパーマーケットのように大規模な単位に集約されてきたことに加え，終戦直後の混沌とした状況の中から生起してきた特別な要因によって，小売業に「新たな競争」と称すべき状態がもたらされた。アメリカの産業では，生産能力が高まり，もはや工場管理者に求める仕事はないとさえいわれてきた。小売業界の隅で細々と営業していた小売店から進化してきたディスカウントハウ

スは，こうした好機に乗じることで瞬く間に業界の主役に躍り出た。すなわち，製造業者によるブランド品の積極的な事前販売（プリセリング）[5]，公正な取引を重視する小売業者がかざす傘，消費社会における倹約意識の高揚，そして高価な耐久消費財の取り扱いにおけるコスト削減など，さまざまな要因の絡み合いの中から生まれる事業機会を見逃さなかったのである。信頼性のある統計資料に基づく見解ではないが，ディスカウントハウスが驚異的な成長を達成してきた事実は明らかである。例えば，E・J・コーベット（Korvette）について見てみると，その売上高は 1950 年の 200 万ドルから 1956 年の末には 7,000 万ドルへと増加している[32]。いまやコーベットは，マスターズ（Masters），ポーク（Polk），R・H・メーシー（Macy），マーシャルフィールド（Marshall Field），そしてワナメーカー（Wanamaker）などと同等にその知名度を高めている。

　しかしディスカウントハウスの急成長は，混沌とした競争状態に終止符を打つものではなかった。このような状況においては，利益圧縮的な低コスト・低マージン経営の小売業者は，高コスト・高マージン経営の小売業者を羨ましく思うようになった。「隣の芝生は青い」ということわざに言い表されるように，同様の意識が小売業界においてもスクランブルド・リテイル・マーチャンダイジング（scrambled retail merchandising）[6] を促す潜在的な要因となり，近年はこうした動きが顕著にうかがわれる。16％から 18％のマージン率で経営を展開するスーパーマーケットやディスカウントハウスに代表される低コスト経営の小売流通業者は，百貨店やバラエティ・チェーンが 35％から 38％に及ぶマージン率で経営を展開する青々とした牧草地へ参入した。

　実際，ディスカウントハウスは非耐久消費財部門に勢いよく参入してきた。例えば，コーベットが 1957 年以降に出店する店舗については，売り場面積の 75％以上を百貨店の主力商品となる衣料品やその他のソフト

グッズ（繊維製品）部門に割り当てる計画であることが報じられている[33]。最近では，取扱商品をソフトラインに絞るディスカウントハウスやファクトリー・アウトレットストアが姿を現している。また，スーパーマーケットが非食品の取り扱いを始めている。スーパーマーケット協会（The Supermarket Institute）の報告によれば，1956年に協会会員のスーパーマーケットは平均的に総売り場面積の6%を非食品部門に充て，総売上高の5.3%をもたらしていることが報告されている[34]。たばこ，家財道具，台所用品などを取り扱うことに始まったスーパーマーケットは，健康グッズや化粧品などにも手を広げ，現在では，書籍，雑誌，靴下，レコード，玩具，メガネ，ランプ，カメラ，宝石，そして贈答品まで取り扱うようになった。スーパーマーケットによる非食品部門への参入程度は，一様ではなかった。例えば，クローガー（Kroger）は総売上高の3%を非食品の販売で獲得していたのに対して，ヒューストンで展開するワインガルテン（Weingarten）のチェーンは総売上高の22%を非食品の販売で獲得していることが報じられている[35]。先日，ハーバード・ビジネス・スクールで講演したグランド・ユニオン・カンパニー（Grand Union Company）社長のランシング・P・シールド（Lansing P. Shield）は，自身が実験的に運営するスーパーマーケットでは1万5,000品目以上の非食品を取り扱っていることを公表している[36]。また，同氏の推測によると，シェービンググッズの総売上高の31%，そしてアスピリンの総売上高の41%がスーパーマーケットに占められている。

　今日，スーパーマーケット業界の激しい競争も従来とは異なる様相を呈している。業界雑誌『プログレッシブ・グローサー（*Progressive Grocer*)』によれば，1956年の時点において，スーパーマーケットのおよそ4割がトレーディングスタンプを提供している[37]。例えば，スペリー・アンド・ハッチンソン（Sperry and Hutchinson）は単独で450店ものスタンプ交換

所を運営していた。ある調査によると，1955年には全世帯の過半数がトレーディングスタンプを収集しており，小売業者にトレーディングスタンプを販売する370社もの独立した店舗所有の商品券販売会社（stamp company）が存在していることが報告されている[38]。しかし，小売業界でトレーディングスタンプが広範に普及しているという事実のみでは，大量流通時代における激しい競争の全容を語ることはできない。現在は，あらゆる種類のギフト，景品，無料サンプルが提供されるようにもなっている。最近では，新たなスーパーマーケットの開店や新型自動車の販売抽選会について広告欄のない新聞を手にすることができないほどである。

　スーパーマーケットやディスカウントハウスが新たなマーチャンダイジング（商品政策）に挑戦することによって，多くの商品ラインで太刀打ちできないバラエティ・チェーンは，次のような対応を迫られることになるだろう。例えば，J・J・ニューベリー（J.J. Newberry）のように，小規模な百貨店チェーンへと転換することが考えられる。8万平方フィートほどの店舗を構え，広範かつ高価格帯の商品を取り扱うのである。または，以上と同様の転換を図りながらも，経費を削減するために（顧客が自身で商品を選び取る）セルフサービス方式と（全商品の代金を最後に一括して支払う）チェックアウト方式を採用する経営に転換することが考えられる。さらには，わずかながら信用販売を実験的に導入している小売業者もうかがわれる。あらゆる商品に対して，回転信用（revolving credit）[7]，頭金無用制度（no-down-payment），そして24ヵ月から36ヵ月に及ぶ長期割賦販売などのサービスを訴求する信用制度の拡充も百貨店に対する有力な競争手段となっている。

　このように，有用な小売企業が増加し，従来型の商品別に区分された専門的なマーチャンダイジングが大幅に衰退し，多様な販売促進政策が活発に展開されることで小売業界における競争が激しさを増しているが，それ

らは新たな潮流として注目に値する。

8.　流通における技術の到来

　流通費用が高くなる原因を紐解くと，流通業における労働者の生産性を
改善するために機械設備が導入されるようになるまで，商品は馬力（機
械）で生産され，流通は人力に担われるというのが一般的に共通した見解
であり，流通業と製造業における労働者の生産性に大きな格差が存在する
ことは明白であった。その格差を完全に埋める手立てはいまだに見当たら
ないが，近年の流通業では技術革新が相次ぎ，将来の展開を見通す上で考
慮しなければならない重要な要因となっている。
　現在のところ，アメリカに自動販売の小売店は登場していない。クラレ
ンス・サンダース（Clarence Saunders）が開発した自動のキードゥーズ
ル・メカニカル・グローサー（Keedoozle Mechanical Grocer）[8] は注目を集
めたが，成功しているとはいい難い。取扱商品の価格設定は高く，店舗施
設の仕組みが非常に複雑で，だれもが簡単に利用できるものではなかっ
た。ランシング・P・シールドのフード・オー・マット（Food-O-Mat）[9]
の改良版のような，実用的なものが有望かもしれない。こうした中で，初
期のコイン式ガムボールマシーン（penny-in-the-slot gum machine）や 1926
年にウイリアム・H・ロウ（William H. Rowe）によって発明されたたばこ
の自動販売機を起源とするコイン操作の自動販売機は，着実に進化してき
た。小売価格で 18 億 8,700 万ドルに相当する商品を販売する 320 万台以
上の自動販売機が存在すると推計されている[(39)]。自動販売機で販売され
る三大商品としては，たばこ，ソフトドリンク，そしてキャンディーが挙
げられる。たばことソフトドリンクについては，おそらく総売上高の
16％から 18％が自動販売機を介して販売されている。しかし現状では，

自動販売機は低コストの流通方法とはいえず，流通経路を合理化している
というよりは，むしろ複雑にしているとさえいえる。しかし将来は，技術
開発に伴って自動販売機が活躍する領域が広がることだろう。現在の最も
有望な開発ラインは，手軽に消費できる加工食品の販売であるように思わ
れる。

　その他，生産性を改善するための技術的な取り組みとしては，グラビ
ティコンベヤ，モノレール，運搬ベルトなどを使用することによって，可
能な限り，荷受け，値付け，保管，そして輸送の段階で商品の分別や運搬
の手間を削減することが検討されている。新たな小売施設を設計するに際
しては，こうした技術的なアプローチが上述した手間を最小限度に抑え，
わずかながら流通費用の節約に寄与する。

　また，科学技術の著しい発展や自動データ処理システムは，上記とは異
なる側面から小売業の生産性を一段と高める大きな助けとなるだろう。と
りわけ百貨店のように大規模な小売機関においては，要求される事業報告
書は驚くほど膨大になる。したがって，多くの小売企業が抱える当面の課
題は，商品の発注時点から受取時点を経て，最終販売に至るまでのありと
あらゆる詳細な情報を記録し，即座に必要に応じた仕分けで情報を打ち出
すエレクトロニクス・メモリー・システムを構築することになる。具体的
にいえば，販売取引や収入・支出の業務に必要とされる詳細な情報に関し
て，売上伝票やその他の煩雑な書類作成の手間を解消するようにシステム
を構築することである。現在，そのようなシステムの構築に向けて熱心に
研究がなされているが，近い将来に実現されることは間違いないだろう。
それが実現されることで得られる正確なマーチャンダイジング情報から売
上高や粗利益が改善されることに比べると，事務職員の生産性が改善され
ることによってもたらされる効率化は微々たるものに過ぎない。

　一方，こうした機械的かつ電子工学的な技術の発展を待つまでもなく，

コスト管理の考え方やその手続きを改めることによって，小売組織が生産性を改善できる重要な方法がある。この方法は厳密には技術的なものではないが，技術の発展に伴う経営管理の考え方からもたらされたものである。例えば，かつて数社で共同開発された経費管理法を取りまとめた『経費部門会計マニュアル（Expense Center Accounting Manual）』が 1954 年に全米小売ドライグッズ協会（National Retail Dry Goods Association）の監査役会議によって刊行され，その改編版が 1957 年 1 月に刊行された。その趣旨は統制可能な経費を事業部門別に区分することであり，部門別に産出と生産性の比率が測定され，その情報が予算計画や会計監査レベルの管理に用いられる。この考えの本質は，経費を解明するための会計というよりは，むしろ経費を統制するための経営管理にある。このようなアプローチは，流通業で課題となってきた生産性の問題に取り組む基盤となる。

9．潮流に潜む競争のダイナミクス：「小売の輪」の循環[10]

　アメリカ小売業の動態を展望し，その本質を探れば，競争の激しい高度経済における流通部門はどのような様相を呈しているのだろうか。近年，小売機関にいくつかの変化がうかがわれるが，一体，何がその原動力となっているのであろうか。アメリカの流通には，大なり小なり 1 つの明確な循環（周期的現象）が存在しているように思われる。その車輪（the wheel）は，常に回転しており，時にはゆっくりと，そして時には速く回転するが，動きを止めることはない。その循環は，きまって大胆で斬新な発想，すなわち「革新」を原動力としてきた。これまで，さまざまな精鋭たちによって革新的なアイデアが生み出されてきた。その精鋭たちとは，ジョン・ワナメーカー（John Wanamaker），ジョージ・ハートフォード（George Hartford），フランク・ウールワース（Frank Woolworth），W・

T・グラント（W.T. Grant），ゼネラル・ウッド（General Wood），マイケル・カレン（Michael Cullen），そしてユージン・ファカウフ（Eugene Fer-kauf）などである。ここに紹介した創意工夫に富む人々は，新種の流通企業をもたらす斬新なアイデアを生み出してきた。参入当初の革新者は評判が悪く，嘲笑され，軽蔑され，さらに「非合法な」存在として非難される。また銀行や投資家たちは，彼らに慎重な姿勢を示す。しかし革新者は，その特質である低コスト経営から実現される低価格を訴求することによって大衆を魅了する。やがて格上げ（trading up）を図り，取扱商品の質を改善し，店舗の外観や立地条件を改善することによって，高い社会的地位を築き上げる。そうした取り組みが成功すると，追って成長期が到来する。成長期の革新者は，伝統的な経営手法に固執する時代遅れの小売業者から取引（顧客）を奪い去る。アメリカの流通においては，こうした展開が繰り返されてきた。百貨店は19世紀末期から20世紀の初頭にかけて都市の小規模な商業者から取引を奪い，次いで初期のグローサリー[11]・チェーンは小規模な卸売・小売のコンビネーション・ストアから取引を奪い去った。そしてスーパーマーケットは，初期のグローサリー・チェーンがその時流に便乗しなければならないほど猛威を振るい始めた。そして現在，ディスカウントハウスやスーパーマーケットが百貨店やバラエティ・チェーンから取引を奪い去っている。

　成長期における小売機関は消費者にも投資家にも認められるが，同時にその投下資本はかさみ，営業費も上昇傾向を辿るようになる。やがて，それらの小売機関は成熟期へと突入していく。大規模な店舗を構え，店舗設備に手をかけ，豊富な商品を陳列し，さらに活発な販売促進活動を展開する。この段階における小売機関の競争は，既存の異なる小売機関よりも，むしろ類似の小売機関との間で展開される。成熟期においては，過剰な投資，極端な保守主義，投資利益率（ROI）の低下，そして最終的には脆弱

な小売機関へと凋落する。何に対して脆弱になるのだろうか。それは次の車輪の回転（the next revolution of the wheel）に対する脆弱性であり，斬新なアイデアで低コスト経営に基づく事業を始める，すなわち既存の小売機関がかざす傘の下に参入してくる新たな革新者に対する脆弱性である。

　この車輪（the wheel）は，早く回転する時もあれば，遅く回転する時もある。百貨店業界におけるその回転は，非常にゆっくりとしたものであった。しかし食品流通業界における車輪（the wheel）は，目まぐるしく回転してきた。遅かれ早かれ，マーケティングを展開する機関は脆弱な体質へと転換していく運命にあり，やがて刷新を図って進化するのか，あるいは延命工作を図って前線から退くのかという難しい意思決定を余儀なくされる。例えば，信用販売，電話による注文，配送などのサービスを提供する類のグローサリーストア（食料雑貨店）は，その存在の影を薄くしていった。同様に，かつてスーパーマーケット方式やボランタリー・チェーン[12]方式に転換することに失敗した昔のサービス・ホールセール・グローサー（service wholesale grocer）は，その姿がほとんど見受けられなくなった。

　いま現在，ドラッグストア，バラエティ・チェーン，そして百貨店に代表される高コストの小売流通業者は成熟期に達しており，次第に市場からその存在感を薄めていく末路が待ち受けているかのように思われる。

10.　百貨店問題の考察

　以下では，抽象的な議論を具体化するために，これから百貨店の経営者が取り組む必要のある諸問題について具体的に検討したい。

　現在まで百貨店が存続してきた事実，またその歴史で直面してきた幾多の困難を見事に乗り越えてきた事実に証明されるように，百貨店は疑いな

く多くの強みを有している。経済成長下においては，あらゆる形態の小売流通が登場する機会がもたらされる。そして新たな形態の小売流通は，きまって既存の形態と同じ筋道を辿るわけではない。百貨店は，巨大な中流階級層を標的とした商品を取り扱う小売機関である。収入の上昇に伴って多くの世帯が中流階級に加わるにつれて，低価格を訴求する小売店舗は自然と格上げするようになる。そして百貨店は，だれもが訪れる普通の場所となった。百貨店は，格調高く，優雅な雰囲気を漂わせ，1つ屋根の下に広くて深い品揃えの利便性が消費者を引き付ける強力な呼び物となってきた。収入が増加するにつれて，消費者は多様なサービスに興味を示すようになった。そして百貨店は，その要求に応えることによって評判を築き上げてきた。一般的にいわれることだが，すべてのことには原因がある。

　しかし，現在の百貨店が存在する状況は，多くの経営者の注目に値する。およそ過去10年間を通じて，百貨店に対する消費支出の割合は9％から6.5％へと低下した[40]。本質的に，百貨店は3つの異なる側面から苦境に陥っている。1つ目は，百貨店の機関特性や伝統が障壁となって郊外部で起きている革命に適応できていないことである。2つ目は，衣料品に対する消費支出の大幅な低下に多大な影響を受けていることである。そして3つ目は，高コスト・高マージン型の小売企業であるために，ディスカウントハウスやスーパーマーケットとの新たな競争に対して大きな脆弱性を抱えていることである。

　都心部における百貨店の事業展開は運命に身を任せたようなもので，決して計画的なものではなかった。都市の中心部で1つ屋根の下にありとあらゆる商品を取り揃えることは，車輪の輻（スポーク）がすべて車軸に向かうように，公共の交通手段が郊外と都心をつなぐ限りにおいて意味をなしていた。しかし自家用車が普及すると，都心部という立地条件はかえって大きな障害となった。現在，都心の小売業は苦境に立たされている。交

通渋滞や駐車施設の不足が消費者の足を遠ざけ，商品輸送などの費用の上昇を招いた。また，都心部では税負担も増した。そして都心部における事業展開にすべてを賭けてきた百貨店は，チェーンストアのように簡単に郊外展開に転換することができなかった。さらに百貨店は，水平的というよりも垂直的な組織形態を帯びており，多店舗展開を行う組織形態へと転換する過程でさまざまな困難に直面した。すなわち，依然として各部門責任者に仕入れと販売の両方に対する全責任を委譲する組織体制を維持しており，仕入れと販売にかかわる責任を明確に区分するリージョナル・チェーン[13]組織に転換することは困難であった。改めて述べておくが，都心部における小売業者の行く末は決して明るいものではないだろう。これから数年先，我々の街でどのような変革が起きるだろうか。将来の繁華街は，都心で働く会社員の利便性や衝動買いに応えるわずかな小売施設を残し，大規模なオフィスビル群に占められることになるだろうという著名な建築家フランク・ロイド・ライト（Frank Lloyd Wright）の推測は正しいのだろうか。それとも，郊外の小売業者は消費者のありとあらゆる比較選択に対応するために必要不可欠な広くて深い品揃えを実現することが難しいために，都心に50万平方フィートから100万平方フィートの売り場面積を有する百貨店は流通組織に必要とされ続けるというシドニー・ソロモン（Sidney Solomon）の推測が正しいのだろうか[41]。都心の繁華街は自家用車時代に対応できるほどに再編成されるだろうか。それとも，公共の交通手段が改善されることによって，都心部から自動車を排除することは可能なのだろうか。

　消費支出の変化について考えてみると，再び衣料品や繊維製品に対する消費者の興味が復活し，百貨店は返り咲くのだろうか。あるいは，戦後の劇的な社会経済の変化が，消費支出の多くを百貨店が不利な条件で取り扱う自動車関連商品，家電製品，そして住宅などへと向けてきたのだろう

か。百貨店は，どのようにすれば，これから重要性を増すあらゆる消費者サービスの領域に踏み入ることができるのだろうか。また，消費支出の多くを引き寄せるために，どのような革新をもたらすことができるのだろうか。

　次は，百貨店が低コスト経営の小売業者との競争にいかに対応していくのかという問題である。いまだに最善の策は見当たらないが，状況に応じてさまざまな対策が考えられる。1つは，消費者が支出を厭わない商品ラインやそれに付随するサービスの取り扱いに限定し，多くの日用品や安価な生活必需品はディスカウントハウスやスーパーマーケットに委ねる策である。しかし，そうした展開には巧みなマーチャンダイジングが必要とされる。なぜなら，百貨店を格調の高い小売機関として消費者の心理に印象づけること，または認識させることが前提条件となるためである。実際，完全雇用の状況にある経済の生産部門と比較すると，この種のマーチャンダイジングやサービスによって，生産性の低さを埋め合わせることは困難が予測される。そうした政策に伴う経費率の上昇を補うために，値入率の上昇を招くだけである。また，こうした状況においては，百貨店が専門店のリージョナル・チェーンへと転換を図るような政策も考えられる。「1つ屋根の下におけるありとあらゆる商品の取り揃え」という百貨店に特有の利便性が，計画的ショッピングセンターにも提供されるようになった状況においては，いま我々が知っているような百貨店が将来的には姿を消すことも考えられる。

　また逆の見方をしてみると，百貨店が低コストの流通業者として同じ土俵の上で競争し，機械化を促進することによって必要最低限度のサービス提供にとどめ，生産性の向上，低い値入率，オープンスペースでの販売，セルフサービス方式，チェックアウト方式，そして顧客サービスの制限に取り組むような施策も考えられる。もちろん，そのような抜本的な改革

は,「長い物には巻かれろ」という昔ながらのことわざに表現されるように百貨店の独自性を放棄することに相当する取り組みとなる。

　おそらく,消費者の欲求や競争戦略を検討する中で部門(売り場)別に多様化する百貨店のサービスや値入率は,高いか低いかの極端なものではなく,中間的なものになる可能性が高い。そのような政策の下,実質的にはスーパーマーケットやディスカウントハウスのように経営する百貨店,一般的な値入率で完全サービスを提供する百貨店,または自由な値入率やクイックサービスデスク方式などを採用する百貨店が登場するかもしれない。こうした状況では,ある特定のサービスを提供するために消費者に代金を請求する部門(売り場)が登場するのも不思議ではない。そのような中間的な取り組みについては,少なくとも2つの重要な問題が提起される。1つは,それで消費者の意識に明確な印象を残すことが可能かという問題である。もう1つは,百貨店の経営者が多様な取り組みを可能とする価格設定,マーチャンダイジング,そして会計処理に柔軟性が備わっているのかという問題である。後者に関しては,値入率を上げることに依存する体制から投資の効果や収益性の改善を重視する体制へと転換すると共に,経営者の考え方を抜本的に改革することが必要となるだろう。

　これらのすべては,百貨店の経営者がこの先数年で解決策を見出さなければならない課題に含まれる。車輪(the wheel)は回転しており,百貨店は革新や進化を図るのか,あるいは別の対応を取るのか意思決定を迫られている。

11. 小売能力と経費率

　既に指摘したように,新旧の流通形態間における競争の大部分が,経費率を軸に展開されている。例えば,百貨店やバラエティ・チェーンの経費

率はスーパーマーケットやディスカウントハウスの経費率の２倍近くに及ぶ。こうした小売機関で提供されるサービスや在庫回転率の差異が，経費の差異をもたらす主要な要因となることは明らかである。実際に百貨店やバラエティ・チェーンにおける１年間の在庫回転率がおよそ４回であるのに対して，スーパーマーケットのそれは 13 回から 14 回にも及ぶ。当然ながら，その差異の大部分は取扱商品の性質によるものである。おそらく，その差異の幅は，スーパーマーケットが非食品の取り扱いを増やすにつれて，ある程度は縮まるだろう。

　なお，その他にも経費の差異に影響を及ぼす要因がある。こうした小売流通の形態によって売り場面積（平方フィート）当たりの売上高が顕著に異なるのは，個別の商品に見込まれる在庫回転率が異なることに起因する部分もある。しかし，売り場面積当たりの売上高と在庫回転率は，いずれも来店客の密度や平均的な販売取引額（客単価）の規模に多大な影響を受ける。厳密な調査がなされたわけではないが，ディスカウントハウスには売り場面積当たりの年間売上高が 300 ドルに達した例があり(42)，またスーパーマーケットについても売り場面積当たりの年間平均売上高が 150 ドル以上であることが報じられている(43)。これに対して百貨店のそれは，100 ドルを超えないという(44)。

　このように，売り場の活用の仕方が経費率に大きな影響を及ぼす。換言すれば，スーパーマーケットにおける価格表示，効果的な品揃え，そして商品陳列による顧客の誘引は，巧みな低コスト経営から実現されているのである。食品は，その商品特性から比較的に購買の頻度や規則性は高い。しかしディスカウントハウスの取扱商品については，購買の頻度や規則性はそれほど高くない。その売り場面積当たりの売上高の高さは，非常に効果的な価格訴求，大規模な販売取引量，回転率の高い商品のみを取り扱う方針，そして試供品の提供を活用する販売政策の相乗効果を反映している

ように思われる。

　また，市場参入に成功した革新的な形態の小売流通は，成長初期にその能力を発揮する傾向にある。追随者との競争過程で革新者の訴求力が低下することは，以上で言及した「車輪の回転（revolution of the wheel）」の一過程に含まれる。例えば，スーパーマーケット協会の会員で，新店舗増設による新規参入を果たした割合は 1954 年の 14％から 1955 年には 17％へと上昇した[45]。1955 年には，新規に開店したスーパーマーケットの31％が同協会に加盟する企業によるもので，22％は既存の事業が再構築されたものであった[46]。同協会が実施した調査によれば，1955 年に新規出店されたスーパーマーケットの平均店舗規模はおよそ 1 万 8,000 平方フィートであったものが，1956 年には 2 万 1,000 平方フィートとなっていることについて報告されている[47]。この間，食品小売業界では多数の店舗が閉店される一方で，近代化や大規模化が進展した。1956 年には，スーパーマーケット協会の会員企業によって新規開店されたスーパーマーケットの 87％が，開店と同時に自身の商圏で 1 店舗以上のスーパーマーケットとの競争に直面したことが報じられている[48]。これからの将来，競争の激化によって，スーパーマーケットにおける経費率の上昇が懸念される。ディスカウントハウスに関しては，成長の軌跡を辿る統計資料を入手できなかったが，その成長率の高さは容易に証明することができる。

　断片的ではあるが，こうした展開の軌跡から，アメリカ小売業が少なくとも人口や消費者の購買力と同じ速度で，あるいはそれを上回る速度で成長していると推測できる。そうであるならば，自由高度競争経済においては，小売業者の潜在能力が十分に発揮されない状況が慢性的になることや，その時々において企業が保有するいかなる優位性も永遠に通用するわけではないと考えることは当然である。次々と姿を現す革新者の影響を除けば，小売業者間の競争は高コスト帯での競争に行き着く傾向があるもの

と推測することができる。

12. 大学に対する意義

　最後に，大学でこうした議論に興じることの意義について考えてみたい。アメリカ経済が発展すればするほど，それに相応する企業活動や選択の自由という哲学の下で生活水準も向上する。そして流通業，少なくとも小売業の社会経済的な重要性が増すほどに，それらが直面する問題も難しくなる。

　小売流通には真剣な取り組みを必要とする難しい問題など存在しておらず，その運営にも特別な訓練は必要ないという認識，すなわち小売流通における革新の大部分が，この業界に偶然足を踏み入れた一般市民にもたらされてきたという見解には，決して同意できない。しかし，これまでの長い間，大学の研究機関や研究所に限らず，小売経営者の中においてさえも，このような認識が持たれてきた。本稿で概観してきた諸問題の解決には，慎重な実態調査，専門家の科学的研究，そして熟練した指導者などを必要とする。もし流通部門が我々の社会の成長や福祉に貢献できるのであれば，こうした問題は，大学が取り扱うべき課題となることは明らかである。

　大学の研究機関は小売流通分野にかかわる実態調査や研究に長い歴史を有しているが，その大部分は高度に専門的で，特定の地域に限定的なものとなっている。そうした意味で，大学がマーケティングの分野で主導的な役割を担ってきたように，小売流通の分野で同様の役割を担うことができるか否かについては疑問である。努力の失敗なのか，あるいはコミュニケーションの失敗なのか，大学は小売業の経営者と実質的に話ができる教員を十分に配置できていない。また，大学で企業が直面する経営課題の解

決に実質的な助けを得ることができると期待する小売経営者も多くないように思われる。

　企業を率いる経営者の育成という観点から大学の機能について述べておくと，小売業界が，遅ればせながらあらゆる産業で大学新卒者採用に厳しい競争が存在することに気づき始めた時に，学生たちが小売業界にまったく関心を示していないことは皮肉な事実である。しかし同時に，現代の小売流通業界においては，大学で開講される多種多様な最高経営者の育成や同様の教育課程（カリキュラム）に対して，これまでと一変して大きな関心が寄せられている。ところが，そうした教育の場で小売業の経営者を見ることは多くない。

　知識人が小売経営者の無知蒙昧な姿勢を批判し，小売業を学識のある人々の注目に値しない卑しい事業と認識することは簡単である。しかし大学までもがそのような姿勢を取るのであれば，研究や教育の視野は狭くなるだろう。つまり，流通部門は聡明な指導者を必要としているのである。そこで，もし経営者が大学を頼りにしてくれた場合に，我々（大学）が変革をもたらすために何ができるのかということについて考えてみたい。すなわち，これまでの失敗を省み，これからの将来，我々がいかに小売流通の分野において知的なリーダーシップを力強く発揮することができるのか検討したい。これを以って終わりの言葉とする。

■原注

(1) 　*Federal Reserve Bulletin*, March, 1957, p. 256.
(2) 　Macfadden Publications, Inc., *The New America: Your Market Potential for 1957* (New York, 1957), p. 1.
(3) 　*Ibid.*, p. 3.
(4) 　*Ibid.*, pp. 1 and 3.

(5) *Federal Reserve Bulletin*, March, 1957, p. 256. (注：原文の注番号は (6) となるが，翻訳の都合上入れ替えている。)
(6) Macfadden Publications, Inc., *op. cit.*, p. 12. (注：原文の注番号は (5) となるが，翻訳の都合上入れ替えている。)
(7) *Economic Indicators*, March, 1957, p. 6.
(8) *Ibid.*, pp. 15 and 23.
(9) Macfadden Publications, Inc., *op. cit.*, p. 16.
(10) *Federal Reserve Bulletin*, January, 1949, p. 76 and March, 1957, p. 316.
(11) *Economic Indicators*, March, 1952, p. 24 and March, 1957, p. 5.
(12) *Business Week*, March 23, 1957, p. 192.
(13) *Ibid.*, p. 194.
(14) As estimated by *Printers' Ink*.
(15) *Business Week*, March 23, 1957, p. 59.
(16) Automobile Manufacturers Association, *Automobile Facts and Figures*, 1956, p. 20.
(17) Bureau of the Census.
(18) Robert W. Mueller, "Mass Marketing Through Wholesalers: the Food Industry's Newest Success Story," An Address at the Annual Convention of the National American Wholesale Grocers Association, Chicago, March 18, 1957, p. 10.
(19) Curt Kornblau, "Facts about New Super Markets Opened in 1956," A Preliminary Report Presented at the Mid-Year Conference of Super Market Institute, Bal Harbour, Florida, December 5, 1956, p. 9.
(20) *Survey of Current Business*, February, 1956, p. 29.
(21) *Economic Indicators*, March, 1957, p. 17.
(22) *Economic Indicators*, March, 1957, p. 23.
(23) *Survey of Current Business*, February, 1956, p. 29, and February, 1957, pp. 14 and 29.
(24) *Harvard Business Review*, November-December, 1956, p. 64.
(25) Harold Barger, *Distribution's Place in the American Economy since 1869* (Princeton, New Jersey, Princeton University Press, 1955).
(26) U.S. Bureau of Labor Statistics.
(27) Malcolm P. McNair and David Carson, *Operating Results of Department and Specialty Stores in 1955* (Boston, Harvard Business School, Division of Research, 1956), p. 2.
(28) David Carson, *Operating Results of Limited Price Variety Chains in 1955* (Boston, Harvard Business School, Division of Research, 1956), p. 8.
(29) Wilbur B. England, *Operating Results of Food Chains in 1955* (Boston, Harvard Business School, Division of Research, 1956), p. 3.
(30) U.S. Bureau of the Census, *U.S. Census of Business: 1954*, Retail Trade, United States Summary (Washington, 1956), p. 1-8.
(31) *Ibid*.
(32) *Fortune*, November, 1956, p. 123.

(33) *Women's Wear Daily*, October 1, 1956.

(34) Curt Kornblau, *op. cit.*, p. 7.

(35) *Retail News Letter*, February, 1957 (Paris, International Association of Department Stores), p. 12.

(36) Lansing P. Shield, "Trends in Supermarket Merchandising," The Third in the Series of Tobe Lectures in Retail Distribution held at the Harvard Business School, Boston, Massachusetts, March 7, 1957.

(37) Robert W. Mueller, *op. cit.*, p. 8.

(38) Harvey L. Vrendenburg, *Trading Stamps* (Indiana University School of Business, Bureau of Business Research, 1956), p. 21.

(39) National Automatic Merchandising Association, *1957 Directory of Automatic Merchandising*, pp. 16 and 17.

(40) *Survey of Current Business.*

(41) Sidney L. Solomon, "The Downtown Store: Alive and Kicking," The Fourth in the Series of Tobe Lectures in Retail Distribution held at the Harvard Business School, Boston, Massachusetts, March 21, 1957.

(42) *Fortune*, November, 1956, p. 124.

(43) Various Studies of the Super Market Institute.

(44) Various Studies of the Harvard Bureau of Business Research.

(45) Super Market Institute, Inc., *The Super Market Industry Speaks*, The Eighth Annual Report by the Members of the Super Market Institute (Chicago, 1956), p. 4.

(46) *Ibid.*, p. 14.

(47) Curt Kornblau, *op. cit.*, p. 1.

(48) *Ibid.*, p. 3.

■訳注

[1]　サバービアとは，都心から離れた静かで広々とした郊外における居住者やそうした環境における生活様式を指す。

[2]　ディスカウントハウスは，「ディスカウントストア」の原型として認識されている。具体的には，耐久消費財を①キャッシュ・アンド・キャリー（現金払い・持ち帰り）制，②セルフサービス方式，そして③低マージン・高回転で販売することに特徴づけられる。ディスカウントハウスが食品も含めて品揃えを拡大したものがディスカウントストアとなった〔佐藤　肇（1971）『流通産業革命：近代商業百年に学ぶ』有斐閣，200-203 頁〕。

[3]　トレーディングスタンプとは，販売促進に用いられるクーポン券のこと。

[4]　バラエティとは，「バラエティストア（雑貨店）」のこと。多種多様な雑貨を 5 セント

や10セントなどの均一価格で販売する小売機関を指す。その起源は，1879年にペンシルベニア州ランカスターでフランク・ウールワース（Frank Woolworth）が開店した「5セント均一店（The Great 5 Cent Store）」にあるといわれる〔佐藤　肇（1971）『流通産業革命：近代商業百年に学ぶ』有斐閣，71-73頁〕。

［5］　事前販売とは，消費者が店舗を訪れる前に特定商品の選択を促すブランドの構築や宣伝広告の取り組みのこと。

［6］　マーチャンダイジングとは，商品政策（商品化計画とも称される）のこと。だれに，なにを，どのように提供するのか検討する。スクランブルド・リテイル・マーチャンダイジングとは，小売業者が現在の取り扱う商品の枠を超えて多様な商品を取り扱うことを意味する。

［7］　回転信用とは，毎月の支払額を一定の金額に固定して金利と合わせて返済するもの。「リボルビング方式」や「リボ払い」とも称される。先に支払い回数を決める「分割払い」と異なり，残高を払い終えるまであらかじめ決定した金額を繰り返して支払い続ける。

［8］　キードゥーズル・メカニカル・グローサーとは，1949年にクラレンス・サンダースによって開発されたアメリカで最初の自動化されたグローサリーストアを指す。クラレンス・サンダースは，アメリカのテネシー州メンフィスで初めて小売業にセルフサービス方式を導入した食品店の「ピグリー・ウィグリー（Piggly Wiggly）」を創業した人物である。キードズルとは，「キー・ダズ・オール（Key does all）」というフレーズに由来する。この店舗の自動化は，顧客が入店時に「キー（鍵）」を受け取り，店内の壁面に展示されるあらゆる商品の見本を参照し，必要な商品に付された番号を紙製の買い物カードにパンチャーで入力し，最後にチェックアウトカウンターで清算して商品を受け取る様式で具現化された。その「キー」は，買い物カードに商品番号を入力する際の道具として用いられた（https://rarehistoricalphotos.com/keedoozle-automated-store-pictures1949/）。

［9］　フード・オー・マットとは，アメリカでスーパーマーケットをチェーン展開するグランド・ユニオン・カンパニーのランシング・P・シールドによって発明された陳列設備を指す。店内の通路に向かって陳列棚が傾いており，顧客が商品を取り上げる度に，新しい商品が重力でスライドする仕組みで補充される。その陳列棚は店舗のバックヤードにつながっており，そこから商品の売れ行きに応じて補充される（http://pleasantfamilyshopping.blogspot.com/2007/12/grand-union-independent-innovator.html）。

［10］　本節の副題は，訳者が加筆。

［11］　グローサリーとは，「グローサリーストア（食料雑貨店）」のこと。

［12］　ボランタリー・チェーン（voluntary chain）とは，独立自営の卸売業者や小売業者が自己の独立性を維持しながらチェーン組織を構築し，同組織の本部を拠点に集中仕入や広告宣伝などに取り組む共同経営形態を指す。小売業者が主宰するものは，コーペラティブ・チェーン（cooperative chain）とも称される（佐藤　肇（1971）『流通産業革命：近代商業百年に学ぶ』有斐閣，109-110頁）。

［13］　リージョナル・チェーン（regional chain）とは，特定の地域を商圏として設定しているチェーンストアのこと。

登壇者の討論録

大学における小売業教育

ノースウェスタン大学　経営学部　副学部長
アイラ・D・アンダーソン（IRA D. Anderson）

　マクネア教授は，我々の関心を小売流通業界における大きな潮流や発展の背後に潜む興味深い運動法則に引き寄せ，こうした動きを自由高度経済の枠組みの中で理解しようとしてきた。副学部長という管理職に就く現在でも常勤の教育職に返り咲くことを夢みる者として，私はマクネア教授によって取り上げられた小売業界におけるいくつかの潮流について議論を深めてみたいという思いがある。しかし管理職として舞台裏を担う立場から，そうした潮流や発展が大学に及ぼす影響について話をすることが適切であるように思う。私の討論の主題として，マクネア教授の講演で結びの言葉にあった一節を引用させていただきたい。

　　　これまでの失敗を省み，これからの将来，我々がいかに小売流通の分野におい
　　　て知的なリーダーシップを力強く発揮することができるのか検討したい。

　もちろん，こうした知的なリーダーシップの育成を大学が支援するには多くの方法がある。ここでは，教育課程についての問題，とりわけ教育に対する考え方や教育の方法と密接に関係する問題に限定して述べてみた

い。私の見解は，小売業の教育のみに限定されるものではなく，経営の教育全般にかかわる大学教育に対するもので，主に学部レベルにおける教育を念頭に置いたものとなる。いくつかは小売業を意識したものとなり，学部と大学院のレベルにおける教育に関係するものも含まれている。

　マクネア教授は，本日の講演で大学が全体的にマーケティングの分野と同程度に小売業の分野で知的なリーダーシップを発揮してきたのかは疑問であると述べている。少なくともノースウェスタン大学における学部レベルの教育についても同様で，あらゆる業界におけるマーケティング全般について，知的で責任感のあるリーダーシップを育むより良い訓練方法を探ることが目下の課題となっている。

　ノースウェスタン大学で経営学部長を務めるリチャード・ドナム（Richard. Donham）は，「現代の産業は，あらゆる知識を備えたゼネラリストと特定分野の専門知識を備えたスペシャリストの両方を必要としている。少なくとも，経営幹部層の人材は，両方の資質を兼ね備えることが要求される」と述べている。事業が複雑になるに従い，会社組織も（職域ごとに）急増する専門知識を備えた機能別の専門組織に分割されるようになり，専門的な技術を身に付けた有能な人材の必要性が高まってきた。同時に，複雑性を増す組織内部の活動においては，経営者側で全体的な調整や管理を担う能力を備えた人材も必要になる。さらに，会社の事業展開の外側で人々の幸福や利益に影響を及ぼす社会や経済にかかわる諸問題の拡大は，ゼネラリストの必要性を高めている。

　ゼネラリストかつスペシャリストとして未来の産業界のためにリーダーを育成する必要性は，マクネア教授に描写された競争の激しい流通システムにも当てはまる。主に大学における小売業の教育について，教員として，あるいは経営者として直接的にかかわりを持つことが，骨折り損に終わるのか，あるいは（小売業の未来を切り開く）機会となるのかは我々次

第なのである。

　ここでは，以下に掲げる大学における小売業の教育に対する素朴な問い
を議論の対象として取り上げることにしたい。

　商業にかかわる学部の教育課程（カリキュラム）は，小売業に必要な能
力と責任感を備えたリーダーを育成する効果的な手段を提供できるのだろ
うか。そして，もし提供できると信じるのであれば，我々の教育課程や教
育方法をどのように改革すれば，小売業に必要な，力強く知的なリーダー
シップを育むことができるのだろうか。

　このような問いは，大いに意義がある。なぜなら近年，産業界のリー
ダーたちは，ビジネス・スクールでの専門教育や学部における教養教育の
価値に疑念を示してきたからである。教養を修めた学生を求める経営者が
いれば，専門教育と教養教育のどちらを修めた学生にも違いはないと考え
る経営者も存在する。おそらく，こうした見方を持つのは小売業界の経営
者だけではない。個人的にも，小売業やその他の業界を含める経営学を専
攻した学生を必ずしも優先しない大卒の採用活動を行っている大規模な小
売業者を知っている。

　ここで一般教養科目や諸科学に備わる優れた教育的価値について問うこ
とはしないが，それらの教科で満足できる成績を修め，卒業に必要な単位
を獲得することが教養教育につながると考えている経営者には強く異議を
唱えたい。

　一般教養科目に関する伝統的な教育課程には，経営学や工学についての
学部の教育課程に共通する弱点が見出されてきた。以下では，小売流通の
教育にも該当するいくつかの弱点を簡単に見てみよう。

① 教養課程の細分化とコースの過剰な専門化

　我々は，大学教育の進め方を必要以上に細分化してきた。その結果，学生が細分化された教育を1つの意味あるものとして有機的に組み立てることを難しくしている。我々が提供する教育の多くは，明日の実業界を率いる知的なリーダーシップを持つ若者を育てる教育課程の開発に対する妨げとなっている。マクネア教授が指摘したように，都心部の小売商業地区（繁華街）にかかわる問題など，今日の小売業が直面する数々の問題に対応するためには，小売業の経営にかかわる内部のあらゆる側面を理解するだけではなく，小売業とそれを取り巻く動態的な社会環境との相互関係についても理解しなければならない。

② 技術の習得や健全な姿勢の育成を軽視した知識の詰め込み

　あらゆる学問の教育に共通していえることだが，小売業にかかわる教育活動の本質は，学生が有用な知識を身に付ける過程を支援することにある。この点については，すべての方々に同意を得ることができるだろう。しかし我々の（試験を含める）教育は，多くの人々が仕事でリーダーシップを発揮するために必要となる人間関係や経営管理にかかわる技術や考え方の指導に対する関心を犠牲にして，現実社会で必ずしも役に立つとは限らない知識の詰め込みを重視してきたのではないかという問いは，もっともではないだろうか。

③ 学生自身に「知識や知的活動の領域」と「意思決定や行動の領域」を
　つなぎ合わせる機会を提供すること

　大学での小売業に関する学部教育に上述した問題点が見られるとするならば，どのような改革に取り組めば，将来の小売流通を担うために必要と

される能力と幅広い知性を兼ね備えたリーダーを生み出すことができるのだろうか。教育課程と教育方法の基本的な特徴を踏まえて，この問題に対する一般的なアプローチを提案してみたい。

　第1に，学生が一般教養の価値を理解する視野や能力を身につけることを助けるために，小売業やその他の商取引に関連する学部の教育課程に教養教育を充実させることが重要であるように思われる。とりわけ，以下の3つの側面から学生を支援する必要がある。

① 時間に対する視点

　時間に対する視点とは，過去と将来の視点から現在を認識することである。小売流通における時間概念の重要性は，マクネア教授が言及したアメリカ流通に少なからずとも存在する明確な循環に描写されている。その循環は，革新者の大胆で斬新な発想に始まり，次なる革新者，すなわちマクネア教授の言葉でいえば，「既存の小売機関がかざす傘の下」に参入してくる新たな革新者に対する脆弱性に終わる。

② 全体的な観察

　全体的な観察とは，ある特定の時間において，依存している関係性や相互に依存する変数を理解する能力のことである。我々は，教育に対する「オールド・ロールトップ・デスク・アプローチ（old rolltop-desk approach）」と称されるすべてを一括するような統合型の方法を分割する必要がある。すなわち，我々の商業の分野やその中でも小売業などの特定分野における科目などの単位で分類するのである。

　我々は，多様な商業分野の学問を統合するように学生を促さなければならない。加えて，小売業における潮流と小売機関が展開する社会的，政治的，そして経済的な環境の発展との相互関係について学生の理解を助ける

方法も探らなければならない。マクネア教授は，消費者の忠誠心が変化していることについて言及した。小売業界を率いる将来のリーダーは，いかに社会科学，とりわけ心理学，社会学，そして文化人類学などの学問が，消費者の意思決定や行動（例えば，どのように消費者が可能な限り安い価格で手に入れたい商品やサービスを選択するのかといったこと）について解明するために役立つのか理解を深める必要がある。

③ 現在と将来との関連性を探る習慣

我々が今日の試験制度に特化した教育をしているのでないとすれば，多くの形式的な知識のみが蓄えられていることになる。我々は，学生たちに講義室で学んでいることと，将来の生活や仕事とが関連していることがわかるように手助けしなければならない。

第1に，我々の教育課程における一般教育は，経営学を専攻する学生が履修する人文科学や自然科学のコースに限った話ではなく，小売業やその他のビジネス分野を教育するコースでも重視されるべきである。ある分野の教育が一般教育の構成要素となるかどうかは，その分野の基本的な内容よりも，教育の方法，あるいは学生の学びを促す方法に左右されることになる。

より厳密には，学生の経験を豊かにすると同時に，学生の洞察力，批判的な判断力，そして知識の統合力を育むような，より良い方法を構築するためには，経営学の分野における教育方法を見直す必要がある。単純に物事を暗記することよりも，独立した思索や完全な理解を刺激することを目的としなければならない。

第2に，学部課程の自由化に加えて，マクネア教授が言及したように，小売業の知識教育と小売業界におけるリーダーとしての能力や責任感を高

める技術や姿勢の習得を支援する教育についてより良いバランスを築く必要がある。

　第3に，我々は，商業分野においても特定の専攻に適った訓練を必要とする。すなわち，小売業を専攻する学生は，小売業に関する研究成果を熱心に学ぶことを通じて，概念枠組みの重要性，事実に対する尊厳，研究手法の秩序，そしてあらゆる技術の促進機能について理解しなければならない[1]。

　私は，商業に関する学部は，小売業の専門教育を堅持しながら教育課程の自由化を図ることによって，これからの小売流通に知的なリーダーシップを発揮することができると確信している。

■注
(1)　The Challenge to Education for Business: Dilemma or Opportunity?, Report of a Conference in Business Education Sponsored by the School of Business, Northwestern University (June 5, 1954), p. 7.

現代小売業が直面する主要な問題

ニューヨーク大学　小売学部　学部長
チャールズ・M・エドワーズ（Charles M. Edwards）

　私は，この「自由高度経済における競争的流通と大学に対するその含意」と題するセミナーに参加できる特別な権利を以下の4つの理由から歓迎している。

　第1に，私は自由高度経済における小売業は，欠かすことができない重要な役割を担っていると固く信じている。

　第2に，私は今後の小売業界における経営者には，大学レベルの正式な教育が一層重要になると固く信じている。小売業者が自由高度経済に立ちはだかるさまざまな課題に上手に向き合うためには，あるいは生き延びていくためには，大学で専門的に教育を受けた多くの人材を組織に取り込まなければならないと考えている。

　第3に，私はこの39年間に及ぶ小売業の専門教育で建設的な模範を示してきたピッツバーグ大学の小売学部に敬意を表している。

　第4に，私は長年にわたり実業界や教育業界に有益な影響を及ぼしてきたハーバード・ビジネス・スクールのリンカーン・フィレーン記念講座のマルカム・P・マクネア教授を心より尊敬している。マクネア教授は，午前中の基調講演で現代の小売機関について私がこれまで聞いたり読んだり

してきた中で最も鋭く包括的に評価していた。

　今日の小売業が直面する諸問題に対するマクネア教授の考察を拝聴し，私が25年以上も前に小売業の分野に足を踏み入れた時に覚悟したことを思い出した。私は，熟慮の上で「覚悟した」という言葉を用いている。その歴史的な日，私は当時の小売業がこれまでの中で最も難しい問題に直面していると確信していたのである。その後も，さらに多くの困難な問題に直面していると認識し続けてきた。いま我々が直面する諸問題は，これまでに対応してきた問題よりも多様で，複雑になり続けている。

　もちろん，我々の記憶にあるように，現在の小売業者らは複雑な問題に悩まされてきた。この国のあらゆる場所で，小売業者は，①地理的分散化（郊外流出），②製品（取扱商品）の多様化，③無秩序な競争，④機能的統合，⑤政府の規制強化，⑥機械化と自動化，⑦顧客の自己選択，そして⑧経費削減など，これまでにも議論が積み重ねられてきた諸問題に直面している。

　以上に挙げた中から，特に現在の小売業にかかわる問題を詳しく検討するとすれば，次のことを述べておかなければならない。現在直面している問題の大部分は，これまで我々を苦しめ続けてきたものに類似しているということである。また，現在もいくつかは同じ問題に直面している。その中には，以前とは異なる形で現れたものもある。さらには，これまでとは逆の影響をもたらす様相で現れたものもある。しかし，我々が苦闘している問題の本質は，過去の問題と極めて類似している。

　ここでは，今日の社会で細心の注意が要求される問題の中でも，①地理的分散化，②製品（取扱商品）の多様化，③無秩序な競争，そして④経費削減という問題について検討してみたい。

① 地理的分散化

　1930年代まで，大都市に隣接した郊外や小規模のコミュニティに存在する小売業の主要な課題は，いかに既存市場における事業を存続させるのかということであった。すなわち，それは大都市の商業地区への移転を回避することを意味していた。当時，小さな町の小売業者は，彼らの商売を人口の多い中心部に移さないで済むように，個々に，あるいは団結して必死に戦った。

　そして，現在は正反対の様相を呈している。大都市の中心部にある商業地区の小売業者は，いかに郊外で生活する人々を引き寄せるのか，換言すれば，いかに顧客の足を都心部の主要な商業地区に運ばせるのかという課題に取り組んでいる。その結果，新たな課題に取り組むことができていない。とりわけ，時間，交通，そして競争という面で特に厳しい状況にあるが，いまだに古い問題に悩まされている。

　客観的に見れば，郊外部における商業の成長や発展は避けられない。それは人口が増加するにつれて，多くの人々が大都市の過密な居住地や中心部のオフィス街から遠く離れた郊外部へと移住することを選択して，あるいは余儀なくされてきたからである。いまや大都市の中心地区には，人々のために十分な空間（場所）や「生活」が存在しないのである。一旦，郊外部で生活するようになると，都市の中心部まで買い物に向かうことには多くの時間を要し，経済的負担が増えることで不便になった。さらに多くの小売店が人々の居住地に寄り添って出店するようになるに従い，遠く離れた街まで頻繁に足を運ぶ必要性もなくなった。こうした状況において，郊外の顧客を対象とする商売をつかみ，それを拡大したい大都市の中心部に存在する小売店は，顧客が足を運ぶために必要な時間を短縮し，費用を抑え，結果的に不便を解消する方法，あるいは郊外出店，通信販売，電話による注文販売などを通じて顧客にアプローチする方法のいずれか，ある

55

いは両方を通じて郊外で生活する人々の支持を勝ち取り，それを維持する努力をしなければならない。なるべくならば，彼らは両方に取り組むべきだろう。私には，ただそれだけのように思われる。

　いわゆる郊外化は，実際はまったくの郊外流出というわけではない。主要な都市は収縮しておらず，バラバラに崩壊もしていない。また，そのようになりそうな気配もない。本来の郊外化とは，特定市場がより広範な地域に延長，または拡張していくことである。このように見てみると，すべての問題には多様な側面があり，希望を持てる側面もある。小売店が成功するためには，人々を商品に引き寄せる，あるいは商品を人々の手元に届けなければならないのである。

② 製品（取扱商品）の多様化

　小売業者が取扱商品について意思決定をする場合，基本的には，次のいずれかの方法を選択することができる。1つは，単一の商品ラインを取り扱うことである。そしてもう1つは，関連性の有無にかかわらず2つ以上の商品ラインを取り扱うことである。これまで，多くの小売業者は専門化のメリットを享受するために前者を選択してきた。その他の小売業者は，多様化（商品ラインの拡大）の優位性を享受するために後者を選択してきた。近年，単一の商品ラインに集中してきた小売業者の多くが，既存顧客を対象に販売を拡大し，新規顧客を獲得し，リスクを分散し，その他の優位性を享受し，新たな分野に進出するための手段として，商品ラインを拡大させてきた。そうした取り組みの事例は，枚挙に暇がない。

　限定的な商品を取り扱う小売店が商品ラインを拡大すれば，それは既存の小売店を競争上の脅威にさらすことになる。既存の小売業者にとって，私有の「禁猟区」に踏み入るような新たな小売業者は歓迎されず，時には恐ろしい侵入者となる。食品スーパーマーケットが非食品を取り扱うよう

になることが最も良い例となる。非食品小売業にとって，スーパーマーケットによる非食品の取り扱いは，競争の激化を意味する。しかしスーパーマーケットにとって，商品ラインの拡張は望ましい商品の多様化となる。

　幸運にも，我々は自由で競争的な経済環境で事業展開しているので，希望するのであれば，どのような商品でも取り扱うことができる。このような環境条件の下では，自らの「縄張り」に攻め入る新たな（あるいは，既存の）競合者の侵入を阻止したい小売業者は，必ず次の2つの行動指針のいずれか，あるいは両方を訴求しなければならない。1つは，既存の商品ラインでより良い仕事をして自身の立ち位置を強化することである。そしてもう1つは，自身の取扱商品を多様化して店舗の訴求力を強化することである。何もせず，じっとしていることはできない。すなわち，積極的な手段で前進しなければならない。そうでなければ，競争相手に後れを取ることになる。

③ 無秩序な競争

　近年，消費者の収入は明らかに増加してきた。しかし，同様に消費財の価格も上昇してきた。したがって，大半の人々は可能な限り多くのお金を懸命に稼がなければならない。第二次世界大戦後，こうした実情を察知した鋭敏な小売業者は，家電製品や生活雑貨を専門的に取り扱う店舗を出店した。顧客サービスの提供を最低限にとどめ，値入率を抑え，その他の経費を節約することによって低価格で販売した。彼らは自らを「ディスカウントハウス」と名乗り，即座に多くの消費者の心をつかみ，その支持を勝ち取った。

　このような小売店は，既存店の間で形成されてきた慣行に準拠しないために，商売に「割り込まれた」既存店から，無秩序で「違法」の危険な事業として非難された。こうした公然の非難や圧力が及んだにもかかわら

57

ず，ディスカウントハウスは急激な勢いで成長した。決して小売業界から
追い出されることはなかった。なぜなら，ディカウントハウスが市場の差
し迫った要求を満たしたからである。具体的には，伝統的な小売店に多く
の経費と比較的高い価格設定を強いてきた立派な店舗環境，過剰な顧客
サービス，そしてその他の条件を抑えて，意図的に価格を重視する消費者
が求めるもの，すなわち標準的なナショナルブランドの商品を簡素な店舗
環境で安く販売してきた。このような取り組みを通じて，ディスカウント
ハウスは消費者の本質をつまびらかにした。人々は必要な商品やサービス
を手ごろな価格で購入できる小売店をすぐに見つけ，それをひいきにする
のである。

　その他の事例と同様に，伝統的な小売店がその脅威となるディスカウン
トハウスとの競争に立ち向かうためには，2つの選択肢しか存在しない。
1つは，既存顧客の支持をつなぎとめるために独自性や優位性を強化し，
それらを訴求することである。もう1つは，ディスカウントハウスと真正
面から激しく戦うことである。火には火を，そして価格には価格を以って
戦うように取り扱う商品ラインで勝負しなければならない。

　油断のない既存の小売業者の多くは，ディスカウントハウスとの価格競
争に対応できることが経験的にわかっていた。そして根本的なアイデン
ティティ[1]を維持しながら，ディスカウントハウスの価格に対応するこ
とに成功してきた（多くの場合，ディスカウントハウスに影響を受けた商品ラ
インの値入率を競争に適う値入率に改めることが強いられた）。新たに登場す
る追随店は既存店の戦術を模倣する傾向があるために，ディスカウントハ
ウスとの競争に対応する強い自信さえ持っていた。具体的には，幅広い顧
客サービスの提供，衣料品分野における商品ラインの追加投入，より良い
立地条件への移転，そして店舗の改装などに取り組む。こうして，事業展
開に要する経費がかさむのである。

　長い目で見れば，持続的な成功を勝ち取るに値する小売店は，顧客の要求をしっかりと満たしている。

④　経費削減

　私の記憶にある限り，ずっと昔からあらゆる小売業者が経費削減の必要性を唱えてきた。しかし，実質的に改善を示すことはなかった。なぜなら，100年前にヘンリー・ソロー（Henry Thoreau）が唱えた言葉を引用して説明すると，「彼らは木の根を切り付けるのではなく，枝葉を切り落としているに過ぎない」からである。本質的な課題をなおざりにしてきたのである[2]。

　現実的に，小売店が経費を削減できる方法は，次の3つの方法に尽きる。第1に，不必要な，あるいは望ましくない商品機能やサービスを切り詰める（場合によっては，削除する）こと。第2に，適切な価格設定を図り，顧客サービスの提供に要する費用を顧客に転嫁すること。そして第3に，さまざまな手続きや従業員の仕事の効率化を図ること。これらの方法の中では，第2と第3の方法に大きな可能性を見出すことができる。

　経費を削減する最も確実な方法は，すべての従業員が担う仕事を効率化することであるのは疑いの余地がない。仕事で優れた成果を上げる唯一の方法は，有能な人材の雇用を図ることである。小売業者は，努めて優れた人材を探して雇用しなければならない。この点については，他の産業とも競争しなければならない。また，雇用した人材の適性や意向を踏まえて最も適した仕事に配属しなければならない。そして従業員の能力を最大限に発揮させるためには，人材教育にも取り組む必要がある。さらに，仕事の効率性や仕事に対する忠誠心を高める適切な給与やその他の動機づけを与えることによって，能力のある人材を会社につなぎとめる努力をしなければならない。これらは，小売業者が真剣に取り組まなければならない重要

な課題となる。しかし，これまでは慣習化した秩序に縛られ，そうした取り組みに失敗してきたところがある。

　小売業者の大部分は，多くが「最高の人材」を探し出すことに失敗している。したがって，多くの割合で必ずしも有能ではない残りの人材を「妥協」して雇用せざるを得ない状況に直面している。時折，優秀な人材を雇用できたとしても，彼らの勤勉さや才能を見出して報いることに手間取ってしまう。小売業界の人事は，人材の際立った能力や豊富な経験などを評価するのではなく，その他のさまざまな理由で不適切な人材を重要な役職に配置している。適切な訓練を提供することなしに，新人に責任が伴う業務を担わせている。また，労働者の努力や責任に見合った賃金を支払うというよりも，むしろ可能な限り少ない賃金で済ませようとしている。その結果，従業員の離職率が驚くほど高いことを嘆いているのである。こうした問題を省みることなく，彼らは優秀な若い人材が小売業界に職を求めないことに悩んでいる。

　小売業が大規模化し，多様化し，複雑化し，科学的になり，そして競争が激化するに従って，統率や責任を取ることができる専門教育を受けた有能な若者を雇用するために，小売業者はこれまで以上に大学を頼りにしなくてはならない。小売業が直面する数々の問題に対して恒久的な解決策を見つけることができないとしても，あらゆる問題に対応するためにより良い人材を引き寄せなければならない。そのためには，小売業に特化した学科や独立した学部を設ける先見の明と勇気を持つ大学と密接な協力関係を育む必要がある。また，現代小売業の主要な機能，最新の政策や取り組み，そして社会の潮流に対する学生の好奇心や理解を育むことを使命とする教育機関に支援を提供しなければならない。学生たちが，人々に影響を及ぼして導く能力，事実を認識，分析，評価，解釈する能力，自分自身で考える能力，そして賢明な意思決定をする能力を身に付けられるように，

小売企業は大学や大学院のような教育機関に対して，誠意をもって実質的な励ましや支援を提供しなければならない。

　紛れもなく，これからの小売業が直面する最も重要な問題は，小売業に携わる人材の問題である。これは，小売業が人々の，人々のための，人々による仕事であることから避けられない問題となる。小売業に有能な人材を確保できなければ，この業界に明るい未来を期待することはできない。それができれば，どのような課題も解決できるだろう。これまでと同様に，これから先も人材こそが小売業で利益をもたらす鍵となるのである。

■訳注
[1]　ここでのアイデンティティとは，小売企業の経営理念や小売機関のコンセプトを意味する。
[2]　本文は，直前の一文を解釈して訳者が加筆したもの。

小売業の研究教育と産学連携

カーソン・ピリー・スコット商会（シカゴ）
副社長兼ゼネラルマネジャー
C・ヴァージル・マーティン（C. Virgil Martin）

本日の登壇者で唯一の実務家である私がこの場にいることは，いまピッツバーグ大学に集う学問の世界で生きる友人たちが，小売業の現状や将来をより良く評価するためには部外者が適していると考えたことによるものであり，彼らが理に適った認識を備えていることを示している。このセミナーの登壇者を選定した方は，ワシントンでアメリカ政府の職員として1年間の任期を終えた後に，幻滅して「政府（ワシントン D.C.）は，入院患者が自分たちで統治する唯一の精神病院」といいながら一般社会に戻ってきた私の友人のようである。

私の見解はあくまでも1人の実務家としての立場に基づくものであることを意識しながら，可能な限り客観的な視点に立ち，今日の百貨店が競争の激しい市場で直面する苦境になす術もなく屈しているようにはならないように努めたい。私は，この国で最高の小売教育を提供することこそが偉大な大学としての本質的なサービスであると考えており，高等教育の目的を果たすために地域商業者の支援を引き出すような専門的な教育課程を提供しているこの特別な環境で，若干の考察を試みたい。皆さんが私と言葉のホップスコッチ（verbal hop-scotch）[1]をすることで啓発されることはな

63

いだろうが，一緒に「ロックンロール」を楽しむことぐらいはできるだろう。すなわち，私が学術的な議論に貢献することは難しいが，小売業界の現実的な課題については有意義な議論を交わすことが期待できるということだ[2]。

　このセミナーを企画した委員の方々は，おそらく，過去102年間の流通業界におけるカーソン・ピリー・スコット商会（Carson Pirie Scott & Co.）の経歴を踏まえて，私を本日の討論に招いてくださったのだろう。同商会で私が関係する会社は，1860年代から1943年にかけてアメリカで最大の総合卸売流通企業の1つであった。この間における弊社の小売部門は，現在と比べると小規模であった。そして現在，弊社が擁する会社組織には非常に活動的で収益性のある卸売部門が存在している。ハードとソフト両方のさまざまな床敷物（フローリング材）を取り扱っており，この商品分野ではアメリカで最大の卸売業者の1つとなる。このピッツバーグにも，事務所と倉庫を構えている。

　私の周囲にいた経営幹部たちは，アメリカの歴史で小売業を介して最終消費者の手元に商品を届けるためには，「百貨店」型の総合卸売業による総合流通が本道だと考えられていた時代に深く根ざしている。私は30年間にわたって現役で働いてきたが，1946年まで卸売部門を担当した社長のジョン・Ｔ・ピリー・ジュニア（John T. Pirie, Jr.）が，第一次世界大戦が終結するとすぐに，総合卸売流通の低迷について話すことを何度も耳にしてきた。そして製造業の生産力が拡大する中で，数社の強力な企業によって統廃合が推し進められていた。こうした実質的な統合に対して，弊社の卸売部門の営業担当者によるアパラチア山脈の西側地域からロッキー山脈まで，そしてカナダからメキシコ湾までアメリカを縦横に駆け回るような全般的な努力は報われなかった。すなわち，卸売段階に特有の販売問題でも総合的な手法が通用したのは，1920年代初頭までのことであった。

　それから 20 年の間，弊社は老舗の卸売業者と同様に，小売業者に直接販売する製造業者や専門的な流通業者（卸売業者など）を介した間接的な販売を重視する製造業者が取り込むことのできなかった機能を提供する努力をしてきた。今日の製造業者が，かつての総合卸売業者よりも効率的な流通を実現できているのかは疑問である。しかし現在の製造業者に備わる強みは，会社の存在を掛ける特定製品のデザイン，製造，販売促進，そして流通を一手に担っているところにある。

　多くの巨大な製造業者は，今日も主要な業界誌が「中間商人（the middle man）」と称するいくつかの部門を介して製品を流通させている。しかし，そうした流通の大部分は，専門化された販売を通じて実現されている。弊社の卸売組織でいえば，ペンシルベニア州で代表的な製造業者となるアームストロング・コーク・カンパニー（Armstrong Cork Company）の流通を専門的に担っている。我々は，アームストロングの製品を最も多く取り扱っている。しかし，それよりも重要なことは，彼らの（ために流通を担う）代理者として高い信頼と評価を得ていることである。私は，常々アームストロングが自ら流通を担うことと弊社が担うことの間で効率性や経済性に大きな違いは存在しないと感じているのではないかと懸念している。しかし弊社は，人口が密集する地域に限定し，特定の販売員を配置してアームストロングの製品ラインに「専門化」していることから，同社との取引に成功しているのである。

　私は，第一次世界大戦後の卸売業が成し遂げた「大変革」を小売業界でも実現させたいと思っている。総合型の卸売業は，専門型の卸売業に屈してきた。弊社は，専門型の卸売業が満足できる結果をもたらした生きた見本といえる。実際に，これまでの業績は満足できるもので，一般的な総合型の卸売事業よりも 7 倍から 8 倍の投下資本に対する収益をもたらしている。とても喜ばしいことである。

したがって，我々は1つの会社として，流通業界でしばしば発生する大きな変化に歴史的な観点を持っている。基本的には，我々が知る小売業界の百貨店が卸売業界の百貨店（総合型の卸売業）のように姿を消すのでないかという憶測には同意しないが，上述の問題について詳しく述べてみたい。近年における一般消費財の製造業者には，1920年代から1930年代にかけての大きな景気変動に適応した弊社の努力を特徴づける実験的な取り組みと似通った精神がうかがわれる。

私は，いかなる小売経営の計画も一時的なものにならざるを得ないと信じている。なぜなら，我々の業界は絶え間なく変化するためである。このことは，アメリカの流通部門における百貨店，スーパーマーケット，ディスカウントハウス，そして自動車のセールスルーム（販売店）といった，さまざまな分野の人々に共通する認識と思ってよいだろう。

小売流通という比較的に限られた分野に対する私の見解は，いま信じていることやこれから目にすることからなる狭い枠組みに限定されたものである。しかし，重要なことは，自立して生計を立てることに不安を覚える若者たちに，「現在の取り組みが，今日や明日（将来）に適ったものなのか」ということを自問自答し続けるように訓練することである。

マクネア教授は，あらゆる形態の小売流通は「成長初期にその能力を発揮する傾向にある」と述べた。彼の見解は，今日の大規模小売業が柔軟性に欠けていることを端的に物語っている。

現在，社会的に成熟したシカゴの繁華街に百貨店だけで100万平方フィートの店舗面積が存在するという状態は，過剰出店に相当する。1平方フィートに10ドルの投資がなされていると想定すると，アメリカ中西部にあるわずか1マイルのステートストリート地区（シカゴの目抜き通り）に1,000万ドルもの過剰投資がなされていることを意味する。さらに標準的なレートで利子が支払われ（どの程度が標準的なレートであるのかという

ことについては議論の余地があると思われるが），50 年をかけて少しずつ返
済されることを想定すると，シカゴの繁華街にある百貨店のみで 1 年間に
およそ 70 万ドルの資本負担を抱えることになる。そして，少なくとも 1
平方フィート当たりに 1 ドルほど必要となる固定資産税や設備費を合わせ
て計算すると，さらに 100 万ドルほどの負担が追加される。このように，
わずか数店舗の百貨店について控えめに見積もるだけでも，過剰出店が年
間に 200 万ドルもの損益をもたらすことになる。

　都市の中心部であれ郊外部であれ，小売店舗，スーパーマーケット，ま
たはショッピングセンターなどの過剰出店は，流通業界の健全な経営に厳
しい課税を招く。しかし，都心の繁華街や百貨店が，それを招いた張本人
なのである。

　私の個人的な観察では，現在でも新設され続けている百貨店は売り場面
積当たりの売上高が高く，通路は顧客で混み合い，あらゆる小売業者が所
狭しと出店している。これらは健全に成長し，地域社会の小売業として重
要な役割を担っている。私は，これらが凋落しないこと，すなわち多くの
顧客を引き付けながら柔軟であり続けて欲しいと思っている。保険会社は
高カロリーの食事を摂り過ぎる人（被保険者）に対して用心するが，流通
組織を形成する筋肉質の腹部が脂肪で覆われてしまうと早期死亡率を高め
ることになる。

　ここには，大学の研究者や学生たちが創造的な考察に挑戦する価値が備
わる 1 つの具体的な研究課題がある。

　流通業界には，過剰出店の他にもさまざまな問題がある。例えば，人材
不足が挙げられる。ここでの人材不足とは，店頭や倉庫での仕事に携わる
人材ではなく，管理部門や研究センターにおける人材の不足を指してい
る。今日の百貨店は，比較的に新しい巨大なチェーンによる個性的なもの
ではなく，以前は家族経営であった小売店が巨大化したようなものが大部

分を占めている。マクネア教授が指摘しているように，百貨店についての着想は，およそ 65 年前に生み出されたものである。第 1 世代と第 2 世代の百貨店は家族経営として所有され，運営されてきた。しかし，このわずか 10 年から 15 年の間に協同組合や会社という組織が受け入れられ，または要求されるようになってきた。現在でも，売上高と利益の両面で著しい成長を示す，健全で逞しい百貨店グループも存在している。これらの百貨店は，経営管理と研究調査の両方を重視している。

　その他の例では，以前は極めて地域的な単位で分散して存在していた多様な小売店の利益を融合することに成功した大規模な協同型の商品調達組織も存在している。

　弊社が，そのような組織に属していることを幸運に思う。我々は前世代のカーソン・ピリー・スコット商会の経営者たちには必要とされてこなかった，あるいは受け入れられてこなかった他店舗と協調する形で，商業者，経営者，会計士としての役割を演じている。我々が経営管理や研究調査を重視するようになるにつれて，数年前までは克服することが難しいと思われてきた諸問題に立ち向かうことができるようになっている。

　ここで改めて人材不足の問題について触れておきたい。平均的な百貨店の総合管理職は重要な役割を担っているにもかかわらず，大部分の仕事時間を無数の日常業務に費やしている。その結果，流通業の構造，特定の店舗，あるいは特定の売り場が標的とするニッチ市場について，俯瞰的，または哲学的に検討する機会を持つことができていない。換言すれば，我々（管理職）の多くは，自身で膨大な数の店舗を直接運営しようと努めている。その結果，大きな負担に押しつぶされ，適切な経営判断に支障をきたしている[3]。すなわち，意識の高い経済人の役割を演じることができていないのである。マクネア教授が鮮明に描写した，高度に生産的で絶えず競争が激しい市場に意識が奪われてしまい，仲間たちと集って「我々は，ど

こにいて，どこに向かうのか」といった問題について議論してみたいという希望は後回しにされている。

　このような理由から，百貨店の経営者たちは，人材教育の一環として，ハーバード大学，ニューヨーク大学，ノースウェスタン大学，またはピッツバーグ大学を卒業して間もない優秀な若者たちと接する機会を持とうとすることができなかったのかもしれない。優秀な若者たちに若い時にやるべきことを助言すると，彼らは即座に「なぜ」と問い返すので気分を害することがある。しかし商業者としては，粗利益率の低下や経費率の上昇よりも不愉快なことはないだろう。

　私に与えられた15分が瞬く間に過ぎようとしている。これから大急ぎで，今日の小売業が抱える諸問題の一部に対する私の解決方法に照らして，大卒レベルの小売経営者が準備すべきことについて提案してみたい。

　第1に，小売システムにおける「有効な資金（money at work）」の諸原理について改めて触れておきたい。現在の若い経営者たちは，あまりにも店舗や市場での経験を重視し過ぎているように思われる。個人的には，適時の仕入れ，粗利益率，在庫回転率，そして経費率などが過度に強調されているように思われる。こうした歴史的に構築されてきた指標は，運転資金を最も生産的に運用したい場合に用いられるということが理解されていないのである。私は，新旧の百貨店で働く経営者たちが「回転率の速さ」に備わる考えや原則に背いていることを目の当たりにして驚いている。なぜなら回転率とは，投下資本が常に相応の仕事をしているのかを確認するための指標であり，また経営資源の有効活用を象徴するものであることについて，彼らは理解できていないからである。

　このことを学術的に解明するためには，時間と実験を要する。しかし，アメリカのように自由な私企業社会の本質となる「資金の用途（money use）」について基本的な部分を理解しておくことは，必要不可欠の課題と

なる。私は，決して有能なマーチャンダイザーに求められる創造性や個人
主義を軽視しているわけでない。むしろ，「資金の用途」がすべての商品
に最高の結果をもたらす骨格となることを強調したいのである。

　第2に，いわゆる幅広く増加している中流階級の人々が，完全に分断さ
れた心理的集団の大きな連なりではなく，1つの層として存在するのかに
ついては定かでない。我々は，賃金の平準化をもたらしてきた要因，そし
て世帯収入の格差を埋めることで大規模な単一的社会層を生み出してきた
ことについて論じてきた。しかし，私はそうした議論に同意していない。
世帯収入が比較可能な地域に支店を構えている弊社の経験からも，そうし
た見解に異論を唱えることは難しくない。より包括的な分析に取り組むた
めには，心理的要因や文化的要因を考慮に入れなければならない。

　同様に大学に対しては，流通産業のために優れた人材を輩出すること，
そして教員や学生が小売業界のために地域商業の可能性について科学的研
究に取り組む組織と実用的な関係を構築するような意識を持ってもらうこ
とを期待している。むしろ，これらのいずれかに取り組むべきである。
我々の研究機関が産業の基礎研究や実験に取り組んでいるように，大学自
身が流通業の大規模な社会経済的研究に取り組むための手段を，独自に，
あるいは他者と協力して開発しなければならない。

　私の考えでは，そのように将来の流通業に備えることは，親会社に厳し
く監視されながら独自の研究調査に取り組む我々のような会社が後々雇用
する学生を育むことにつながるという意味で，極めて有意義な取り組みと
なる。

　最後に，決して軽視してはならないことについて述べておきたい。産業
界に身を置く我々は，客観的な評価を共有することやケーススタディーを
通じて自らの組織における論理や実践が抱える課題に取り組むに際して，
個別にあるいは共同して教育機関と連携しなければならない。つい最近，

シカゴ大学の大学院で，全国的に名の知れた５つの大手企業が経営学の修士号を取得しようとしている学生たちと机を囲み，これまで社外に持ち出されることがなかった資料を共有し，彼らが直面する社内外の課題が公になることを恐れずに公然と議論する機会を持った。実際，斬新で学術的なアプローチを身に付けている学生たちは，その時に取り上げられた諸問題に対して，企業の経営者たちが持つことのできなかった洞察を与えた。

　我々は，社内で課題を抱える部門の長を大学に連れ出し，じっくりと意見交換を行う機会を設けるべきではないだろうか。どのように困難を乗り越えるのかによって，結果も異なる。さらに重要なことは，さまざまな経験を備えた社会人が若者の考えや好奇心に触れることによって，両者に計り知れない価値がもたらされるということである。

　おそらく，多くの大学が学生たちのために，このような議論の機会を教育の一環として設けることを切望してきたのではないだろうか。流通産業に身を置く我々は，勇気を持って会社の失敗経験を公開するようなことも受け入れなければならない。

　私は，こうした自由な考察が有益な議論をもたらすことを望んでいる。それが実現すれば，私が今回のような学術的な集いに勇気を振り絞って参加したことは，とても重要な価値を持つことになるだろう。

■訳注

[1]　ホップスコッチ（hop-scotch）とは，日本の「ケンケンパ」に類似する遊びのこと。
[2]　本文は，直前の一文を解釈して訳者が加筆したもの。
[3]　原文では，「我々は，統合失調症を患ったような商人と化している」（p. 45）と表現されている。

小売業の発展と都市⁽¹⁾

ペンシルベニア大学ウォートン校　教授

リーヴィス・コックス（Reavis Cox）

　マクネア教授は，我々討論者の議論をあらゆる方向に誘う多くの刺激的な考えを提示した。議論が分散する危険性を回避するために，私はマクネア教授が見事に考察した諸問題の中から1つを取り上げ，その問題に的を絞って議論することにしたい。それは我々の都市に起きている問題であり，小売店舗や商業施設などの小売事業所とも密接に関連する問題である。本日の討論会においても，小売業の分散化と郊外流出，スーパーマーケットのような新形態の店舗開発，そしてショッピングセンターの繁栄など，都市にかかわる問題がさまざまな形で取り上げられた。

　私が伝えたいことは，少々難しいかもしれない。そこで，最初に本日の議論と必ずしも関連性が明らかでないことから話を始めることにしたい。そして最後には，本日の議論と結び付けたい。当然，私は，当事者としてではなく，客観的な立場から物事を考察する役割を担う学者，すなわち大学教授として話をしている。こうした立場にある学者は，あらゆる問題に次々と対応しなければならない経営者と比べて，いかなる問題についてもあらゆる角度から検討することができるという点で有利である。

　最初に注目していただきたいことは，古くから見られるもので，ある意

味，人間にかかわる不思議な現象といえる。それは，いわゆる「フット・フリー（foot-free）」と称される人々が自身を都市に押し込める傾向が存在していることである。これまで私は，機会がある度，学生たちにアメリカの国土で人々が生活している土地の広さを推測してもらった。それは驚くほど小さい。人口の約 60％が 1％の国土面積にひしめき合っているのである。そして人口の 3 分の 1 は，わずか 0.1％の国土面積に集中している。あくまでも大雑把な推計に過ぎないが，これは本日の課題について理解を助けるだろう。

　ここでいう「フット・フリー」の人々とは，その場所でしかできないという理由で，そこに縛られることのない人々を指す。あなたが石炭を採掘するとすれば，石炭がある場所に行かなければならないので「フット・フリー」ではないことになる。気候，近所，そして学校がどこに行ってもあるように，どこでも石炭を採掘できるというわけではない。当然ながら，炭層が存在する場所のみで採掘するのである。

　農業に携わる人々も完全に「フット・フリー」というわけではない。なぜなら，農業を可能とする土壌や気候の下で耕作しなければならないためである。しかし近年，農業においても農家を特定の期間だけ「フット・フリー」にしようとする動きが見られる。完全に機械化された農場では，耕作に利用する動物（家畜）を世話する必要がないために農家が土地に縛られることはない。したがって，特定の期間を除けば，農場の近くで生活する必要がないし，そこで多くの時間を費やす必要もないのである。

　このような農業は，いわゆる「スーツケース農家（suitcase farmer）」と称される究極の形態を取る。こうした農家は，相当の機械設備を導入し，春や秋に小麦などを植えるのである。夏には農作物の成長を見守るために農場に身を置く必要があるが，収穫期までは農家ができることはそれほど多くない。したがって，残りの時間はどこにでも好きな場所に行くことが

できる。カナダ南部やアメリカ北部における農家の人々は，耕作しない時期には温暖な気候のフロリダ，南カリフォルニア，そしてアリゾナなどで時間を過ごすこともできる。ある期間は特定の土地に縛られるが，この程度までは「フット・フリー」になってきた。

　しかし，この用語を厳密に捉えるならば，「フット・フリー」の人々とは，物理的な必要性以外の理由で生活や活動の拠点を選択する人々のことをいう。このような人々は，人類が定住型の農業を考え出した頃に現れてきた。これは人類の歴史において我々が想像するよりも新しいことで，わずか7000年から8000年ほど遡るに過ぎない。定住型の農業は，ある程度の規模で交換を可能とする「余剰」をもたらした。すなわち，1人の農夫が自分自身のためだけではなく，その他の人々を養うことができるほど収穫するようになり，農家の人々は交通費が許す限り自らが望む場所に住むことができるようになった。

　とても印象的で，かつ不思議な事実として，人々は，最初に小さな町，次に大きな町，そして大都市圏（メトロポリタン・エリア）という順に人口密度が高い集団の中で生活することを選択してきた。我々が抱く疑問は，「なぜこのようになったのか」ということである。以下で詳しく説明するが，その答えを得るためには，近年に見られる小売業の郊外流出や人々の郊外移住の問題に光を当てなければならない。

　ポール・マズール（Paul Mazur）は，数年前に都市の小売業が直面する諸問題に効果的な対応を助ける1つの見解を示している[1]。それは，あらゆる場所で頻繁に引用される彼の「流通」についての定義である。彼は自身が執筆した博士論文に対する口頭試問の席で，流通は多くの費用を必要とするというよりも，むしろ節約していると主張したのである。また，一定の生活水準を浸透させることに寄与しているということも主張している。こうした主張を受けて，私はすべての商品は消費されて初めて生産さ

れたものと認識できることについて理解した。我々が「生産」と称しているものには，長い道のりが存在する。トマトや桃などの農産物は，人々（消費者）が農場の近くにいるのであれば，すぐに食べることができる。しかし，多くの人々は農場の周辺で生活しているわけではない。また，工場の商品は工場の労働者だけではすべてを消費することができないために，人々が身につけ，自宅に保管し，そして他に用いることができる状態になって初めて商品と認識することができる。すなわち，商品を移動させること，あるいは人々を移動させることによって，そうした商品とそれらを利用する消費者を結び付ける必要があるのである。

　狭い意味での流通は，農場，鉱山，そして工場が「生み出したもの」を社会に分配するという経済活動の一部門を担っている。そして小売業は，人々が一定の生活を送るために欠かせないほど重要で骨の折れる役割を担っている。なぜなら，消費者が利用するものの大部分が小売店を介して彼らの手元に到達するためである。小売業に大きな費用が生じていることに厳しい指摘を受ける理由の1つとして，それが避けられない環境で事業展開していることが挙げられる。

　この点について，我々の高い生活水準について重要なことを思い返してみよう。近年における年間の個人消費支出総額を人口で割ると，平均で1人当たり1,500ドルから1,600ドルに相当する商品やサービスを消費していることになる。残念ながら，商品やサービスを人々の手元に届けるための手間や費用を考慮に入れると，これは誤解を招く数字となる。なぜなら，1,500ドルから1,600ドルに相当する商品やサービスは，ひとまとめに配送されていないからである。すなわち，1杯のコーヒー，数個のミカン，1足の靴，1回の散髪，そして1回の扁桃摘出手術などの商品やサービスは，年間の予算が許すまで個別に提供されているのである。小売業の仕事は，一度にわずかな数の商品しか提供しないことから，そこには費用

を引き上げるさまざまな活動が詰まっている。消費者の手元まで商品を小規模な単位で届けることが小売業の仕事なのである。

　しかし，消費者も多くの仕事を担っている。ただ，じっとしているわけではない。消費者は，あらゆる場所へ活発に動き回る。その道すがら小売店に遭遇するが，最終的に欲しいものを必要な単位で購入するために自身や小売業者が互いに便利だと思う場所まで足を運ぶ。

　ここに，マーケティングの議論で見落とされてきた問題がある。我々消費者は，一定の生活水準を維持するためにどれほどの努力を投じているのか厳密に把握できていないが，それが決して少なくないことはわかっている。この点は，私がマズールによる「流通」の定義に異議を唱えたいことの1つとなる。確かに，一定の生活水準が広く浸透している。しかし，それは人々が自ら獲得してきたものである。何も努力しないで手に入れてきたわけではない。すなわち，消費者自身も相応の仕事を担わなければならないのである。

　さて，なぜ人々は密集した場所，すなわち人口が過密する特定の都市や地区に自身を押し込める傾向があるのかという冒頭で触れた問題に戻りたい。私は，人々が都市に集まる主な理由について，1つの確信めいた考えを持っている。もちろん，それを単なる仮説と称しても構わない。その考えとは，都市生活は一定の生活水準を経済的かつ容易に実現できるということである。もし，我々が群れをなして集団で生活しないのであれば，現在のように高い生活水準を享受することはできないだろう。

　あなた方が高い生活水準を求めるのであれば，何が必要になるのか考えてみよう。我々の生活は，食べ物，衣服，娯楽，教育，そして医療サービスなどからもたらされている。例えば，一定の生活水準を確保するためには1年間にどれだけの人々との物理的な接触が必要となるのか冷静に考えてみて欲しい。そうすれば，小売業者と消費者が直面する問題が，広範で

　かつ複雑であることを理解できるだろう。

　都市は，人々があらゆる場所に存在し，いつでもさまざまな場所に訪れることを可能とする装置となってきた。小売業の役割は，個々の消費者に対して商品の配送や受け取りについて妥協案を考え出すことにある。小売業は，消費者の負担を軽減するのである。なぜなら，その仕事を大規模に，かつより安く行うことができるからである。小売業の背後に存在する卸売業や製造業は，さらに大規模に行うことができる。小売業は最も費用がかかる部分，すなわち消費者が必要なものを手に入れるために方々を歩き回わる負担を軽くすることについては，それほど貢献できない。しかし都市は，その負担を小売業よりは抑えることができる。

　我々は，こうした都市の機能にかかわる研究を疎かにしてきたことを反省しなければならない。人々が都市に密集する理由については，さまざまなことが論じられてきた。端的にいえば，都市は人々に効率性をもたらすからである。人々は，群れをなし，他の人々と交流し，群衆の中に存在することを好む。現代社会にさまざまな戦争手段が生み出されるまでは，おそらく都市の魅力の1つとして，安全保障の要素があった。都市は，武力攻撃を防御しやすかったのである。

　私が知る限り，消費者の目線で都市をマーケティングの装置として体系的に考察した研究者はいない。都市が卸売段階でマーケティング装置として機能していることについては，商品流通の拠点となる港，あるいは商品をその他の最終市場や小売業者に向けて転送する拠点となる大規模な終着都市など，多くのことが執筆されている。しかし実質的には，都市を組織化することによって，個々の卸売業者がさまざまな商品を取り揃えるために要する手間が最小限に抑えられ，効率化につながることについては注目されてこなかった。

　このように見てみると，小売店の数，種類，そして立地条件などから形

成される小売業の構造によって，消費者が小売業者に担って欲しいことと
自分自身でやりたいことについて，非常に複雑で絶えず変化するバランス
が調整されていることがわかる。こうした考え方は，我々に取り扱いが難
しい「利便性（convenience）」という概念をどのように認識したらいいの
かという難問を突き付けた。すでに定年退職しているマクネア教授のかつ
ての同僚の１人[2]が40年から50年ほど前に，我々が日常生活で普通に
用いる「最寄品（convenience goods）」「買回品（shopping goods）」「専門
品（specialty goods）」という商品分類を考案したことによって，多くの
マーケティング実務家の助けとなった。

　最寄品とは，消費者が少しずつ頻繁に購入したいもので，近所の店舗で
販売されることが要求される。買回品とは，頻繁に購入するものではな
く，幅広く多様な品揃えが要求されるものである。そして専門品とは，あ
まり購入する機会がなく，また大抵は単品単位の価格が高いものである。
専門品については，都心の商業地区の外側にある立地条件が消費者や小売
業者に対応している。

　この商品分類は，多くの側面で有用であった。しかし，あまりにも長期
間にわたって用いられてきたために，残念な結果をもたらした。例えば，
この商品分類によると，多くの専門品を取り扱う百貨店は不便な場所に立
地していることになる。しかし，それは明らかにおかしい。これまで百貨
店は，消費者が商品を求めて来店するのに便利な立地条件を確保するため
に多大な努力を払ってきた。それは現在も続いている。

　我々が時折忘れてしまうことは，すべての商品は本質的な意味で最寄品
に相当するということである。小売業者は，ある特定の環境条件で最大限
の利便性をもたらす商品とサービスの組み合わせを提供するために，顧客
との間である種の妥協点を探らなければならない。利便性とは，決して単
純な概念ではない。それは単に，１箱のたばこを購入するのに便利な場

所，子供を教育するのに便利な場所，あるいは映画を観るのに便利な場所というようなものではない。それは消費者が求める最も便利なものの集合体，あるいは最も経済的なものという意味での利便性を指すこともある。だれもが認めるように，我々は取り扱うことが難しい概念について話をしている。我々学者は，この非常に複雑な問題に取り組むことに失敗して小売業者を失望させてきた。我々は，絶え間なく変化し続ける世界において，小売業者の立地条件にかかわる意思決定は，消費者が一定の生活水準を実現するために，どのように必要なものを取り揃えるのかという視点からなされていることを明らかにすることができなかった。

　この問題にかかわる1つの重要な要因として，商品とは別に人々の移動を取り上げることができる。都市の歴史を振り返ると，さまざまな種類の都市が存在していた。1つは，人々の商品や他人との接触が歩いて移動できる範囲に限定される「ウォーキング・シティ（walking city）」である。驚くことに，いくつかの大都市もこのような基準で構築されている。例えば，100年前のロンドンに関する記述に目を向けてみよう。ロンドンは，人々が仕事やその他のすべての目的のために歩いて生活する大都市であった。自動車の長い渋滞の列ではなく，仕事に向かうために2マイルから4マイルほどを歩く人々が長い列をなす姿や夕方には帰途に就く人々の長い列が見られた。また，人々は日常生活に必要なものを調達するためにも歩いた。さらには，さまざまな生鮮食品や衣料品を取り扱う行商人は，戸別に売り歩いたのである。

　それから「ホースカー・シティ（horse-car city）〔鉄道馬車都市〕」「トローリーカー・シティ（trolly-car city）〔路面電車都市〕」，そして「ラピッド・トランジット・シティ（rapid transit city）〔高速鉄道都市〕」の時代が到来した。公共の交通機関が発展することによって，大きな変化が生じた。歩いて移動する消費者には，柔軟性があった。彼らは，川や絶壁のように越

えることができない障害物に遮られることなく，どの方向にでも自由に歩くことができた。このように歩いて移動する消費者は，非常に柔軟であった。しかし，それは限られた範囲においてのことである。公共の交通機関は消費者から移動の柔軟性を奪ったが，彼らが生活する世界を拡大した。さらに消費者は長距離を移動することが可能となったが，それは線路に沿った移動に限定されていた。自分が行きたい方向に自由に歩き回ることはできなかったが，遠くまで移動することができるようになった。また，彼らは集団で運ばれる動線に縛られたが，繁華街，職場，そして自宅などの活動拠点を計画的に回遊できるという意味では若干の柔軟性があったといえる。しかし，ある場所から他の場所に移動することは，公共の交通機関による移動を意味した。

　自動車によってもたらされた大きな変革は，長距離を短時間で移動する能力を維持しながら，人々が移動する方向に再び柔軟性を回復させたことである。このことは，我々の都市を新たに組織化した真の革新といえる。自動車は，公共交通機関の線路やトローリーのワイヤー（電線）などに縛られない。1台の自動車さえあれば，どの方角にでも意のままに向かうことができる。徒歩のように簡単ではないが，行きたい方向にそれまでよりも速く，楽に向かうことができる。こうした点が最も研究しなければならない問題となる。一般的に，消費者が以前は同時に享受することができなかった「進行方向の柔軟性」「移動の速度」，そして「適度な経済的負担での長距離移動」という3つの要素を結び付ける小売構造や都市構造とは，どのようなものなのだろうか。

　その明確な答えの1つは，消費者にとっての利便性が驚異的に引き上げられたことである。なお，自動車だけがこの変化をもたらした要因ではない。例えば，食品流通で生じてきたことについて考えてみよう。あなた方は，いまだに1日の食事を数回に分けて摂る。また，その食事を「これく

らい」「それくらい」，そして「あれくらい」というように，わずかな分量
で要求する。以前は，消費者がそうしたわずかな分量で入手する便利な方
法は，頻繁に購入することだけであった。やがて自宅に冷蔵庫を持つよう
になり，また効果的な包装技術も開発されてきた。現在は，1週間分の食
品を購入して自宅に保管することができる。すなわち，冷蔵庫や包装技術
はあなた方が食事をする便利な場所を身の回りに提供する役割を担ってい
るのである。

　このことは，食品流通に大きな影響を及ぼしてきた。スーパーマーケッ
トの急成長については，さまざまな議論を耳にしてきた。また，我々は，
それが自動車の登場に起因していると述べてきた。いまのところ，それは
間違いないと思っている。しかし最も強力な影響を及ぼした要因は，アメ
リカにおける家庭用冷蔵庫の普及だろう。小売業者と消費者をつなぐに際
して，現在は食品を求めて遠くまで訪れることが楽になり，逆に小売業者
は遠くの消費者に向けて働きかけなくても済むようになった。すなわち，
これまでの消費者は，必要な商品を必要な時に手に入れるために，小売業
者が担ってきた仕事を引き受けてきたのである。現在の消費者は，台所に
行って冷蔵庫の扉を開くだけでよい。もちろん，まずは冷蔵庫に食品を保
管しておく必要はあるが，必要なものはすぐそばにあるのである。

　このように社会的諸力が作用した結果，厳密には新たな利便性の構造が
生まれることによって，これまで我々が生活してきた都市とは完全に異な
る新たな都市が到来している。なじみのある言葉で話そうとしているが，
我々も多くを知る訳ではない。例えば，都市の「繁華街」で起きているこ
とについて話してみるならば，多くの場所でどこが繁華街なのか判別する
ことが不可能になりつつある。すなわち，かつての繁華街が姿を消してい
るのである。もちろん，その程度は場所によって異なるが，こうした現象
は，小売業が大きな役割を担う繁華街，その他の多様な産業部門の集ま

り，そして郊外部という集合体（クラスター）を備えた都市でさえも発生している。こうした認識をニューヨークのような都市に照らし合わせてみると，それは少しも該当しない。ニューヨークは，多くの近所や郊外部からなる1つの集合体に存在する1つの繁華街ではない。むしろ，それぞれがショッピングセンターを有する複数の都市からなる集合体なのである。

　実際，我々は，多くの都市が発展途上にあり，さらに拡大し続けるものと認識するようになった。数ヵ月前に，20世紀基金（The Twentieth Century Fund）がいわゆる「メガロポリス（Megalopolis）」[3]の研究を開始した。アメリカの大西洋岸では，世界中で他には見られないほど都市に人口が集中している。メイン州のポートランドからバージニア州のハンプトン通りまでの範囲に，1つの都市しか存在しない。これがメガロポリスであり，この財団が詳細に研究しようとしている対象となる。

　つい最近，世界初の広告代理店といわれる[4]J・ウォルター・トンプソン（J. Walter Thompson）は，いわゆる「インタラービア（Interurbia）」と称される人口集中にかかわる研究成果を発表した。そこでは，この600マイル超の細長い土地に，1つの大都市圏（メトロポリタン・エリア）とその周辺に2つの地域しか存在していないことが指摘されている。1つは2マイル超で，もう1つは17マイル超の地域である。

　こうした状況において，1つの都市をどのように認識できるだろうか。また，多くの人々がインタラービアのように特定の場所に集中して生活するようになると，流通業や小売業はどのようになるのだろうか。百貨店は，商品の販売活動で他の小売業者よりも広告媒体として新聞を効果的に利用する力を有している。なぜなら，そうしたメディアの力が及ぶ広範な地域から消費者を引き付けることができるからである。

　それでは，メガロポリスの新聞はどうなるだろうか。全長600マイルもの（巨大な）都市に，わずか2つか3つの新聞だけが刊行されることにな

るのだろうか。そうなれば，小売業に何が起こるだろうか。決して，メガロポリスにおける小売流通が1つの商業地区に担われることにはならないだろう。私は何が起こるのかわかるが，ここでは明言しない。つまり我々は，これまで議論してきた2つの要因について新たなバランスを探ろうとしている。すなわち，消費者が商品を手に入れるために自分自身で行うこと，そして小売業者が消費者の手元に商品を届けるために行うことのバランスである。

　また，それは商品にかかわる問題にとどまらない。消費者は，郊外部で小売業が栄えてきたことだけでなく，その他にもあらゆる理由で郊外に移住してきた。むしろ，人々の郊外移住は小売業とは関係なく，小売業の郊外出店で買い物の利便性が維持されながらも，郊外で生活する人々が自家用車を持つことによって，より良い学校，レジャー区域，医療機関，さらに窮屈な都心では不便だったことが享受できるようになったことに起因している。

　こうした都市の発展は，単純に大都市の中心部における小売業界で起きていることを考察するだけでは解決できない困難な問題をもたらした。とはいえ，上述の視点は，小売業はどのような方向に向かうのか，百貨店の将来はどうなるのか，いくつのショッピングセンターを建てるのか，どこにショッピングセンターを建てるのか，どのようなショッピングセンターを建てるのか，さらには，それを学校，病院，レジャーなどがある場所とどのようにつなぎ合わせることができるのかなど，我々を悩ませてきた諸問題についての理解を助ける。

　小売業においては，費用にかかわる問題が特に重要になる。しかし，この問題は小売業者の帳簿にとどまらず幅広く検討する必要がある。特に重要になるのは，消費者にかかわる問題である。すなわち，小売業者としての仕事よりも，商品を持ち歩くことや買い物の計画を立てるといった消費

者の仕事を最小限度に抑えることが重要な課題となる。場合によっては，それが小売業に高コストを招くことさえある。なぜなら，消費者が日常生活の家計のやり繰りを検討する際，全体的な視点から結果が改善されることを考えるためである。

　同様に，あなた方が問題の全貌を把握するためには，マクネア教授の回転する車輪（the turning wheel）という巧みな描写は修正しなければならない。これから我々が経験することは，1つの固定された車輪の回転（the turning a stationary wheel）ではない。我々は絶えず前進している。したがって，車輪（the wheel）がひと回りした時には，我々は出発したもとの場所に戻るわけではない。社会の特質や生活の計画は，絶えず変化している。我々は，革新，成熟，そして新たな革新に順応すると同時に，あらゆる方向に向かう絶え間ない進歩にも対応しなければならない。

　私がこのような話をしたのは，これまで商業に携わる人たちが忙しくて手付かずのままになっていた我々の環境にかかわる研究に取り組む経営学の教育機関，より厳密には小売業にかかわる教育機関を構想することに役立つと思ったからである。学者であることの優位性は，脇に寄って何が起きているのか俯瞰できることにある。適切に研究すれば，目前の仕事に追われる経営者が見ることのできない多くを観察することができる。

　我々が到達した結論は，このセミナーの「自由社会における学びの新たな側面」という主題が示すように，単調な日常生活に埋もれることなく，野心的であり続けたいという希望である。確かに，我々は実業家の商売，技法，そして技術を細部に及んで改善することに多くの支援をしてきた。しかし，それだけにとどまりたくはない。我々は，刺激的な世界で生活している。教育についても，新しい領域を開拓し，取り扱う分野を拡大しなければならない。それができれば，もともと実業家が上手くできていたことをさらに良くできるように後押しするよりも大きな力となる。

　これで私の話を締めくくり，冒頭で掲げた 3 つの課題に戻りたい。最初の課題は，経営にかかわる学部は，若者が新たな世界に適応できるようにするには，どのような一般教養を提供することが好ましいのかという問題であった。

　当然ながら，我々は全力で若者たちに最高の専門教育を提供しなければならない。しかし，それよりも重要なことがある。我々の多くは，大学での研究教育にやりがいを見出しているからこそ，この職業に携わっているということである。なお，この職業にも受け入れ難い側面がある。例えば，我々は実務家として仕事に携わりたくても，観察者として過ごさなければならない。また大部分の時間を，優秀で，親切で，能力もあるが，我々とはかけ離れた世代の若者と過ごさなければならない。折に触れて，完全に大人の世界で時間を過ごしてみたいと思うことがある。

　しかし，我々が教育を愛する最大の理由は，自身の手を介して若者を豊かな人間に育てることができるという点にある。アカデミックな職業に携わる我々は，有能な技術者を育てること，特定の活動領域に秀でた能力を育成すること，そしてより多くの収入を得られるように支援すること，という大切な使命が課されている。我々は，人々が人間らしく豊かな生活を送れるように支援する責任を放棄することはできない。

　こうした考えから，一般教養の教育が導入されたのである。それは単に，「美術」「文学」，そして「歴史」の講義を受けるという問題ではない。一般教養の目的は，若者たちに彼らを取り巻く世界に関心を持たせることであり，生計を立てることとは関係なく，豊かな人生を築くことに資するものに関心を持ってもらうところに意義がある。

　私は，あなた方に，経営学を教える良い大学とは，有能な経営者を生み出すことや金儲けを助けるという理由ではなく，それ自体に価値があるという理由で一般教育を重視する大学であるということを心にとどめて欲し

い。文学は，経験する価値のある重要なものである。音楽や美術も然りである。人生は1度きりである。我々が哲学や宗教学の理解を助けることができれば，金儲けを助けることはできないが，あなたの1度きりの人生の旅を豊かにすることを助けられるかもしれない。

　我々は，こうした取り組みで常に成功してきたわけではない。これまでには教訓となる数々の失敗経験があり，全力で抵抗してくる学生もいる。しかし，我々は自分たちができることに取り組むだけである。そして，少しでも多くの学生が充実した生活を送れるほどの収入を得ることができるようになれば，十分に報われる。

　第2の課題は，少しだけ専門的になる。いわゆるディスカウントハウスの展開は，すべての取扱商品が最寄品となっている実態を踏まえると，利便性の概念を反映していないのではないだろうか。

　いや，それは反映しているといってもよい。しかしディスカウントハウスには，さまざまな種類が存在している。博士論文としてディスカウントハウスを研究していたある学生が最初に直面した難問は，どれがディスカウントハウスであるのか見極めることであった。我々が「ディスカウントハウス」という場合，単にその他の小売機関が維持したい価格帯よりも低い価格を設定する小売業者を意図しているように思われる。

　低価格を実現するには，さまざまな方法がある。私が個人的に容認できないのは，1つ目に，自身の事業展開に必要な費用を他者に転嫁する寄生的なディスカウンターである。例えば，自身の店舗では商品展示を行わずに，その他の店舗で冷蔵庫を見に行くように画策するような店舗がそれに該当する。そうすることで，商品展示に要する費用を差し引いた価格で提供するのである。

　2つ目のタイプのディスカウントハウスは，低価格を実現するために提供物から何かを差し引くような小売機関である。すなわち，サービスより

も低価格を求める消費者が少なくないことから，あらゆるサービスの提供
を控えている。

　3つ目のタイプのディスカウントハウスは，マクネア教授のいう車輪
（McNair's wheel）が回転する豊富なサービスを提供するものである。我々
の多くは，自身の流儀に固執する。したがって，社会に新たな局面を迎え
る唯一の方法は，だれかを革新者としながら，他のだれかを陳腐化させる
ことである。この場合，ディスカウントハウスは革新者となる。新たな小
売機関としての必要性から，家電製品やその他の耐久消費財を取り扱うも
のも登場してきた。ディスカウントハウスが成熟するに従い，多くのサー
ビスが不要になってきた。こうした環境においては，顧客が必要としなけ
れば，そうしたサービスに料金を課すことはなくなるだろう。

　そして第3の課題は，どのようにすれば一般的な消費者は，流通の役割
を費用ではなく，生産性に寄与するものとして認識するようになるのかと
いう問題である。

　その答えとして，流通は見方によれば常に費用として認識されるため
に，消費者に流通の役割を認識させることは難しい課題といえるかもしれ
ない。商品が無料でない限り，それを得るためには費用を要する。その費
用の一部が流通費用であれば，そこに費用が生じていないふりをすべきで
はない。

　この問題が要求する答えは，費用を要さないということではなく，相応
の価値を生み出すためには費用が生じることを理解させることである。

　適切に機能する流通は，我々に高水準の生活を提供する生産的な技術を
もたらす社会的な装置となる。いくつかの農具がなければ，1人の農家が
15人分の作物（食べ物）を栽培することはできない。その農具のおかげ
で，他の人々は作物を入手することができるのである。そして農家は，自
身が費やした努力の対価として他の何かを手に入れる。それが流通であ

る。商品を広範な市場の隅々にまで届ける流通の機能がなければ，ある国で必要とされる自動車の10％，あるいはセロハンテープの50％を生産するような巨大な工場を構えて費用削減（規模の経済性）を追求することはできない。

　いま私は，こうした問題について1冊の本を執筆している[5]。その目的は，流通が担う仕事を可能な限り鮮明に描き出し，流通業に携わる人々が自らの仕事に誇りを持ってもらうことにある。

■原注

(1)　本稿は，1957年5月10日にペンシルベニア州ピッツバーグのピッツバーグ大学で開催された小売業にかかわる会議（セミナー）でマルカム・P・マクネア教授によって発表された論文に対するコメントである。

■訳注

[1]　その見解は，Mazur, P.（1953）*The Standards We Raise: The Dynamics of Consumption*, Harper において示されている。

[2]　その1人とは，メルビン・T・コープランド（Melvin T. Copeland）を指す。彼は，1923年に『ハーバード・ビジネス・レビュー（*Harvard Business Review*）』の創刊号に寄稿した「消費者の購買習慣とマーケティングメソッドの関係（Relation of Consumers' Buying Habits to Marketing Methods）」と題する論文において，「最寄品」「買回品」「専門品」の商品分類の有効性について提唱した。

[3]　いくつかの巨大都市が帯状に連なって形成される地域のこと。経済や文化の中心地となる大都市を意味する「メトロポリス（metropolis）」よりも大規模な都市群を示す用語として命名された。日本語では，「巨帯都市」と称されることもある。

[4]　本文は，訳者が加筆したもの。

[5]　その本は，Cox, R.（1965）*Distribution in a High-Level Economy*, Prentice-Hall.〔森下二次也監訳（1971）『高度経済下の流通問題』中央経済社〕のことである。

Ⅱ
資料

Trends in Large-Scale Retailing[1]

大規模小売業の潮流 [1]

ハーバード・ビジネス・スクール　准教授（当時）

マルカム・P・マクネア（Malcolm P. McNair）

1. はじめに

　通常，我々が産業革命について話をする場合，それが遠い昔に起きたこ
とで，いまや経済史を研究する学者に限っての関心事であるかのように過
去形で語る。もちろん，それは真実ではない。例えば，ロシアの5ヵ年計
画[2] が証明するように，産業革命は現在も進行している。しかし現在の
アメリカにおける産業革命の舞台は，明らかに製造業から流通業へと移行
してきた。将来の経済史学者は，一般消費者に対する日用品のマーケティ
ングが，製造業でいえば家内工場や手工業の段階に相当するような小規模
なものから完全に資本主義の基盤に立脚する大規模なものへと発展したの
は，20世紀初頭の30年から40年にかけてのこととして言及するだろう。
しかし現在の我々は，その只中に存在する当事者としてさまざまな問題と
密接に関係していることから，実際に何が起きているのか物事の真相をつ
かみにくい。こうした意味で将来の経済史学者は，現段階の産業革命を史
実に基づいて俯瞰できるという点で我々よりも有利な立場にある。とはい

え，若干の動きを手掛かりとして，既に胎動している今後の変化について
大まかな特徴を見通すことはできるだろう。

（1）この 10 年間で，小売流通に携わる企業の大規模化が急激に進展した。
　　もちろん，百貨店という大規模小売業については，新しい動きではな
　　い。また，メールオーダーハウス（通信販売店）についても然りである。
　　発展段階の初期にあった百貨店やメールオーダーハウスが，いまチェー
　　ンストアの拡大に対して向けられているような軽度の攻撃を受けた際に
　　も，大した影響を受けることなく新たなマーケティングの仕組みに順応
　　してきた。しかし 1920 年代に入ると，チェーンストアの成長が勢いを増
　　した。例えば，ザ・グレート・アトランティック・アンド・パシフィッ
　　ク・ティー・カンパニー（the Great Atlantic & Pacific Tea Company）の
　　売上高は，1922 年の 2 億ドルから 1929 年には 10 億ドル以上に増加し
　　た。連邦準備制度理事会（Federal Reserve Board）の指数によれば，
　　1923 年から 1925 年にかけての月間平均売上高を 100 とした場合の
　　チェーンストアの 1920 年から 1929 年までの売上高の増加は，グローサ
　　リー[3]・チェーンについては 66 から 234 まで，5 セントストアと 10 セ
　　ントストアのチェーンについては 64 から 164 まで，そしてドラッ
　　グ[4]・チェーンは 78 から 204 までに増加してきた。同様に，1919 年か
　　ら 1925 年にかけての百貨店の売上高は，チェーンストアほど急激では
　　ないが明らかに大幅な上昇を示した。この 5 年間は，百貨店業界でも
　　チェーンストア化がうかがわれるようになった。1920 年頃から 1930 年
　　頃までの流通業界においては，明らかに大規模化が大きな潮流となっ
　　た。この流通革命は，良きにつけ悪しきにつけ我々を個店経営から大量
　　流通の社会に移行させている。しかし，大量生産を促す諸力が即座に流
　　通革命をもたらしたというわけではない。

（2）この10年間を通じて，流通業界では科学的手法と称されるものが急激に発展してきた。いまや「商品予算（merchandise budget）」「単品管理（unit control）」「購買余力・発注残高（open-to-buy）」「小売棚卸法（retail inventory method）」「割り当て報奨金制度（quota-bonus plan）」「経費分類（expense classification）」「経費予算（expense budget）」といった専門用語を抜きにして，小売協会，会議，商品マネジャーグループなどの膨大な資料に目を通すことはできない。すべては，経験則，機会主義，直観，そして推測などから抜け出し，仕事上の諸問題に対処する健全な手法を構築しようとしてきた努力の証となる。その成果は，しばしば疑似科学に過ぎないものもあった。しかし長期的に見れば，益々複雑化する流通システムの諸問題に対応するためには，このような発展は伝統的な経験則に基づく手法が不十分であることを示すという点で大きな意義がある。

（3）この数年間で，伝統的な流通経路（チャネル）が急激な勢いで姿を消してきた。以前は，製造業者，卸売業者，そして小売業者の間には，それぞれの機能を区別する明確な境界線が存在していた。また，各商品には個別の流通経路が存在しており，他の経路に浸食することもなかった。しかし，そうした図式が複雑になりつつある。現在は，あらゆる商品が柔軟に取り扱われるスクランブルド・マーチャンダイジング（混合型商品政策）の時代なのである。実際に，グローサリーストア（食料雑貨店）が「たばこ」，ドラッグストアが「食料雑貨類」，そしてたばこ屋が「剃刀の刃」を販売するようになっている。またグローサリーストアは，食品の百貨店のようになろうとしている。百貨店やバラエティ・チェーンについても，食堂やソーダ水売り場を設置している。機能的に見れば，従来の商品ラインは崩壊している。そして製造業者は，積極的に小売業に介入している。また小売チェーンも，製造業に介入してい

る。そして卸売業者は，不安定になる自らの地位づけを守るために，ボ
ランタリー・チェーンを組織することで製造業や小売業への参入を図っ
ている。

　過去10年間に観察されてきた，チェーンストア型の大規模小売企業の
急成長，不確かな推測や勘を頼りにしない効果的なマネジメントに対する
関心の向上，そして伝統的な流通経路や活動領域の崩壊という3つの動き
は，既に胎動する流通革命の前兆といえるだろう。これから10年先，こ
の流通革命がこれまでの10年間と同じ速度で進展するかはわからない。
我々の展望が正しいとすれば，体系的に組織化された大規模な小売流通が
相対的に重要性を増すことになるだろう。現時点では，そうした小売機関
として百貨店とチェーンストアの2つが取り上げられる。近年の動向を観
察する限りでは，それにメールオーダーハウスは含まれない。
　流通業の統計調査によれば，アメリカ小売業の総売上高はおよそ530億
ドルに上る。小売機関別のシェアを踏まえた全体像を示すことはできない
が，現時点で公開されている断片的な情報と以前にポール・H・ナイスト
ロム（Paul H. Nystrom）博士[2]らが推計した結果を併せて見れば，百貨
店の売上高が全体の14%から15%を占め，チェーンストアの売上高は
18%から20%を占めている。おそらく1928年には，チェーンストアの総
売上高は百貨店のそれを凌駕していたと思われる。

2．百貨店の展望

　チェーンストアと比較するならば，将来の百貨店をどのように展望する
ことができるだろうか。最初に百貨店について言及すると，チェーンスト
アよりも不景気の影響を深刻に受けている。実際，現在の百貨店は，1921

年の不況時よりも増して苦戦している。当時，嵐のように荒れ狂う経済環境における百貨店の成功は，投資の対象として社会的な関心を高めた。しかし1930年に200万ドル以上の売上高があった平均的な百貨店を見てみると，わずか売上高の2.7％，または投下資本の4.9％に相当する純利益しか得ることができていなかった。この年の不調は，1926年に端を発する不本意な動向が原因となっている。その間の売上高は維持され，粗利益率も安定していたが，総経費が急激に増加したのである。投下資本に対する利益率は，当時の製造業とは対照的に1927年，1928年，そして1929年と立て続けに低迷した。1923年頃からは，年間売上高が50万ドル以下の小規模な百貨店に対して不穏な状況が生じてきた。この期間を通じて，総経費が売上高の25.9％から32.2％へと増加する一方で，粗利益は売上高の27.6％から29.0％へと微増にとどまったのである。中小の百貨店は，明らかに大規模百貨店やチェーンストア組織との競争が生じていることを感じていた。しかし，こうした比較から浮き彫りになったこと，すなわち1930年とその翌年に百貨店の業績が低迷したことは，すべてが不景気のみに起因するものではなかった。むしろ，そのかなりの部分は1926年に端を発する不本意な動向によるところが大きかった。たとえ不景気でなかったとしても，百貨店は困難に陥ったことだろう。実際に多くの百貨店の業績は，景気が良かった1929年よりも不景気の只中にあった1921年の方が潤っていたといっても過言ではない。

　こうした動きは，当時の平均的な百貨店にいくつかの弱みとなる要素があったことを示している。その要素としては，次のようなものを取り上げることができる。

（1）経営者の努力が，幅広い商品を取り扱う複数の部門に分散している。
　百貨店の購買力[5]は店舗単位で見ると大規模になるが，それが100以

上もの部門[6] に分割されることから（部門単位の購買力については）専門店のチェーン組織と比較するには及ばない。また，百貨店を構成する個々の部門は，有能な管理者層を雇用するのに十分な売上高を上げることができない。近年の百貨店における賃貸部門（テナント）の大幅な拡大は，百貨店が窮地に追い込まれていることの証となっている。

（2）百貨店業界の事業を行うための費用は，この10年間で着実に増加してきた。その結果，その増加に対応するために消費者への売上高から差し引かなければならない金額も，1ドル当たり26セントから34セントに増加した。このような基準で評価すると，百貨店は決して効率的な商品流通を担う小売機関ではない。そもそも百貨店の事業を行うための費用が比較的に高いのは，その生産性が低いことに起因する。年間1,000万ドル以上を売り上げる百貨店における売り場面積平方フィート当たりの平均売上高は，わずか29ドルから30ドルに過ぎない。そして，売り場面積当たりの利益はさらに低くなる。チェーンストアは利用する売り場面積当たりの生産性が非常に高いために，百貨店よりも総売上当たりの高い賃借料を支払うことができる。また百貨店が雇用する従業員の生産性は，極めて低い。年間1,000万ドル以上を売り上げる百貨店における従業員1人当たりの年間販売額は，8,500ドルとなる。この生産性の低さは，百貨店では販売を担当しない従業員の割合が高いことを示している。多くの場合，百貨店の総従業員の50％から60％が販売以外の仕事に従事していることになる。売り場面積当たりと従業員1人当たりの生産性の低さは，このような小売機関で幅広い商品を取り扱うためには複雑な物理的かつ人的な仕組みが必要になることを示している。

（3）百貨店業界における顧客サービス競争は，事業を行うための費用の増加を招くだけではなく，効率的な販売活動の妨げとなる。例えば，大規模な百貨店における顧客の返品は，総売上の14％を超える金額に及ぶ。

信用販売の条件にかかわる競争は，確実に受取勘定回転率[7] を下げる。少なくとも，大都市にある数店の百貨店は，婦人服の手直しサービス料の割引を導入している。

（4）百貨店に不都合な変化が，消費者の購買習慣に生じている。商品の標準化が進展したことや商品知識が浸透することによって，従来のような買い物の仕方が不要になるだけではなく，むしろ交通事情から困難になってきた。しかし同時に，郊外型ショッピングセンターの成長が自宅から遠くない場所で，さまざまな商品の購入を可能にしている。

（5）百貨店は，依然として販売機関というよりも仕入機関として組織されている。一般的な百貨店で買い物するには手間を要する。形式的で，無駄で，煩わしい手続きが必要となる。表向きは地域社会のために購買代理者を担うことを標榜しているにもかかわらず，消費者の買い物を便利にしているとはいい難い。

しかし一方で，現在の百貨店にも強みとして評価できるいくつかの要素が残っている。

（1）1つ屋根の下であらゆるニーズを満たすことができるという利便性は，以前に比べて重要性が薄れているかもしれない。しかし，現在でも百貨店に備わる強みの要素となっている。

（2）百貨店は，これまで商業地として認識されてきた良い立地条件（場所）を独占している。多くの場合，土地や建物の不動産も所有している。郊外型ショッピングセンターが成長するに伴い，都心の商業地における小売業は結果的に低迷するかもしれない。しかし，今後もしばらくは中心的な役割を担うだろう。ただし，おそらくその特徴は変わっていくものと考えられる。

（3）百貨店は，消費者が慣れ親しみ，その他の小売組織が提供しない豊富なサービスを提供してきた。

（4）百貨店の多くは，消費者に小売機関としての名声や信用を築いてきた。

（5）百貨店は高級品を取り扱い，チェーンストアは高級品を取り扱わないという一般的な認識は，依然として百貨店にとって有利に作用している。

　しかし，これらの強みは，現在の弱みほど印象的ではなくなったことを認めなければならない。さらに，その強みの要素の中には，時間の経過に伴って次第に重要性を失う特徴を持つものがある。したがって，一般的な百貨店は，他の小売機関と比べて重要性が落ちることを甘受するのか，あるいはまったく別の形で新たに息を吹き返すような，政策，方法，そして組織の抜本的な変革に挑戦するのかを選択しなければならない。

3. チェーンストア

　百貨店以外の主要な大規模小売機関に目を向けるとするならば，それは間違いなくチェーンストアとなる。実際，チェーンストアは随所に存在している。しかし厳密には，すべての「チェーンストア」を同質的な小売機関として認識することは1つの誤解となる。小売業と卸売業の機能を兼ね備え，独立した個々の小売業者や卸売業者に取って代わるグローサリー・チェーンやドラッグ・チェーンは，バラエティ・チェーンストアとはまったく異なる経営上の問題に直面する。例えば，倉庫を構えて在庫を抱えるようなことをせず，その機能を供給者側に委ねている。さらにチェーンといえば，「チェーンストア」という用語が即座にエー・アンド・ピー

（A&P），リゲット（Liggett），そしてウールワース（Woolworth）などの大規模な組織を連想させるが，実際には 10 店舗や 5 店舗にも満たない小規模なチェーンストアが大部分を占めており，それらがかなりの仕事を担っていることを認識しておかなければならない。最新の国勢調査によれば，シカゴでは全国規模のナショナル・チェーンが 2,000 店舗を展開している。また，いくつかの州を跨ぐセクショナル・チェーンが 1,400 店舗，4 店舗以上を展開するローカル・チェーンが 2,311 店舗ほど存在している。そして 744 店舗が 3 店舗の複合店で，2,018 店舗が 2 店舗の複合店となる[3]。

　この数年前までは，マーケティングの専門家は，どのような小売業でもチェーンストア化できるものと認識し，チェーンストアの展開を制限する法律の制定を支持してきた。例えば，グローサリー・チェーンは，パッケージングされた加工食品のみを取り扱い，傷みやすい肉，フルーツ，そして野菜などを取り扱うことが制限された。また，定番の主力商品のみを取り扱うことが許され，最新の流行商品を取り扱うことも制限された。しかし，こうした認識は誤っていることが証明された。そしてマーケティングの研究者は，チェーンストアの可能性を限定的に捉えることに慎重になった。大胆な識者たちは，過去の経験からチェーンストアはキャッシュ・アンド・キャリー（現金払い・持ち帰り）型の事業に限定され，個人経営の小売業者は，顧客サービスで差別化できるだろうと展望した。

　近年まで，チェーンストアにおける営業費用についての正式な情報は，ほとんど存在していなかった。しかし数年前に，ハーバード・ビジネス・スクールのトゥー・ハンドレッド・フィフティー・アソシエーツ（the Two Hundred Fifty Associates of the Harvard Business School）からの寄付金で運営されているハーバード・ビューロー・オブ・ビジネス・リサーチ（the Harvard Bureau of Business Research；以下，HBBR と略称）が，流通業に関する国勢調査が実施された 1929 年度のグローサリー・チェーンス

トア業界における値入率，経費，そして利益について分析した。そして 1931 年 6 月に，チェーンストア事業に関する最初の報告書となる『1929 年のグローサリー・チェーン事業における経費と利益（*Expenses and Profits in the Chain Grocery Business in 1929*)』（報告書・第 84 号）が刊行された。

　グローサリー・チェーンストアに関する研究に取り組む中で，HBBR はアメリカに存在するグローサリー・チェーン事業の半数から報告書を入手した。1929 年には，調査に協力した 82 の会社が運営する 3 万 3,171 店のグローサリー・チェーンストアでおよそ 20 億ドルの買い物がされていた。そこから 1 ドル当たり平均 19.4 セントの粗利益を得て，経費を支払った後に利益を手にしている。すなわち，これはチェーンストアにおける典型的な商品の純原価が 1 ドル当たり 80.6 セントになることを意味する。なお，その値には商品の運送料も含まれているが，あらゆる割引やマーチャンダイジング・アローワンス（merchandising allowance）[8] については差し引かれている。

　この 19.4 セントのうち 18.2 セントは，給与，家賃，広告，備品，そして投下資本の利子を含める事業を行うための費用に充てられていた。そして事業経営のリスクを取ったことに対する報酬としては，1.2 セントの純利益が残された。一般的に日常の仕事で用いられる自己資本の利子，総売上，そして総利益などの指標に加えて，グローサリー・チェーンの「業務純益」を見てみると，平均 1.9 セント，すなわち総売上高の 1.9％にも達した。この業務純益については，売上高との関係ではなく，投下資本との関係で算出する方法もある。この見方をすると，グローサリー・チェーンが手にする 1.9 セントは，その自己資産 1 ドル当たり 19.5 セントの投資額から得られる利益となる。

　チェーンストアを介した流通と従前の卸売業や小売業を介した流通のマーケティングに必要な費用についても，以上のような数字に基づいて比

較してみなければならないだろう。グローサリー・チェーンを展開する企業は，実質的に卸売業者であり小売業者でもあるので，その比較はグローサリー・チェーンの売上高に対する割合で算出する経費と利益について，食品小売業と食品卸売業のそれらを合算したものに対して行わなければならない。小売業者がすべての商品を卸売業者から，またはチェーンストアがすべての商品を生産者から仕入れるわけではないことを踏まえると，こうした比較は必ずしも満足できない部分が多い。さらに近年における食品の卸売業と小売業の経費と利益に関しては，満足できる入手可能なデータが存在しない。しかし，こうした問題については目をつぶり，オハイオ州立大学が実施した食品卸売業の調査と，以前にネブラスカ大学が実施してHBBR に点検された食品小売業の調査結果を比較の材料として用いてみると，1929 年にグローサリー・チェーンを展開する企業は，食品卸売業と食品小売業を合わせたものよりも，1 ドル当たり 8.8 セントほどの少ない経費と利益で事業展開していることが明らかになった。チェーンストアが卸売業者と同じ条件で商品調達していると想定すれば，こうした利益の差は，食品卸売業と同じ費用で商品を仕入れるグローサリー・チェーンを展開する企業が卸売業者から仕入れると 1 ドルで販売しなければならない商品をおよそ 90 セントで販売できていたことを示す。この差の半分は，信用販売や配送サービスに要した費用に起因するものといっても問題ないだろう。

　さまざまなチェーンストアには固有の問題があることを踏まえてチェーンストア業界を俯瞰してみると，いくつか基本的な強さの源泉を見出すことができる。

（1）チェーンストアは，現在も拡大途上にある。例えば，その小売価格は
　　昨年よりも随分と安くなっており，多くのチェーンストア組織が 1930

年と同等の売上高を報告している。一方で百貨店の売上高は，1930 年の業績と比べて 9％ほど低下している。

（2）チェーンストアにはさまざまな種類があるが，いずれも低コスト経営の優位性を持っている。また，その優位性のすべてがサービスの違いからもたらされるわけではない。チェーンストアの中でも，とりわけ単独組織として諸経費を一本化した卸売と小売の機能を兼ね備えるものは，その他の小売機関よりも効率的な流通経路となっており，それらに取って代わりつつある。例えば，グローサリー・チェーンの効率性は，商品が製造業者から消費者の手元に届くまでに要する時間を卸売業や小売業を介した場合と比べることで把握することができる。以上で取り上げた HBBR の調査によると，卸売業と小売業を介した商品流通におよそ 99.3 日を要するのに対し，グローサリー・チェーンを介した商品流通は 36.5 日しか要していない。

（3）チェーンストアは，消費者の買い物に要する負担を軽減してきた。その販売拠点（店舗）が便利な場所に立地しているだけではなく，店舗運営において単純化と迅速化を図ってきた。

次いで，チェーンストアが直面している問題に目を向けてみると，現在のチェーンストアに備わる弱みとなる特徴を見出すことができる。

（1）チェーンストアは，社会と友好関係を築くことに失敗してきた。その結果，大規模な抗議運動を引き起こしてきた。しかし，そうした運動の大部分は，事実に基づくものではなかった。チェーンストアの躍進によって，多少の小売業者や卸売業者が廃業に追い込まれたのは事実である。しかし企業経営の寿命に関する研究によれば，そうした廃業の多くは非効率な経営に起因することが明らかにされている。廃業の割合は，

むしろチェーンストアが登場する前の方が高かったのである。しかし，チェーンストアの台頭によって誘発された流通システムの変化は，新たな環境条件に適応できない，あるいは適応する意向がないもの（商業者）に負の影響を及ぼす可能性がある。チェーンストアに対する抗議運動は，産業革命期のさまざまな段階を特徴づけてきた機械設備の導入に対する肉体労働者の激しい抵抗に相当する。チェーンストアは，個人経営の小売業者や卸売業者にある程度の損害を及ぼすこと，それらと友好関係を築くことの重要性に気が付くのが遅かったこと，そして製造業者との取引関係に長期的な視点が欠けていたことに加え，社会でプロパガンダの技術や世論の形成についての理解が深まることによって，反チェーンストア運動が予想を上回る勢いで展開されてきた。

　最近，アメリカの最高裁判所がインディアナ州税に対して下した判決は，チェーンストアの展開を特別税で制限しようとする運動の原動力となった。この判決は，明らかにあらゆる特別な法律を生み出すきっかけとなった。例えば，昨年，マサチューセッツ州で2店舗以上を出店する場合，人口が50万人を超える都市では店舗ごとに年間2,750ドル，そして人口が5,000人以下の町では年間750ドルというようにスライド方式で認可する法案が提出された。この法案の目的は，極めて懲罰的なものであった。最高裁判所がチェーンストアにインディアナ州税を課すことについて支持したことを受け，全米各州で同様の対応を目にするようになるかもしれない。政治家（州議会議員）が新たな収入源を模索する中で，このような判決がなされることは極めて不運であった。この判決によって，チェーンストアは世論の審判を受けることになった。消費者はチェーンストアを支持していることや中小零細小売店の経営者たちよりも巨大な投票力を有していることを州議会議員に認識してもらえるように，すぐにでも好意的で明確な世論の形成を図っていかなければなら

ない。

（2）その他の弱みは，ある意味チェーンストア組織の急激な成長に起因す
　　るものである。より良い立地条件を求めて争奪戦が繰り広げられる中
　　で，法律では認められないにもかかわらず合法的な契約期間内に数々の
　　立ち退きが強いられてきた。したがって，多くのチェーンストアは必ず
　　しも営業費用を低く抑えることができていない。また，店舗網の拡大に
　　対応する効果的な商品管理の体制も整備されていない。さらにチェーン
　　ストアの展開は，短期的な視点に立脚した投資銀行の貪欲な思惑が原動
　　力になっていることもある。必ずしも健全とはいえないチェーンストア
　　の拡大としては，製造業者が自社工場の販売窓口として展開するものを
　　取り上げることができる。この種のチェーンストア（とりわけ靴販売の
　　チェーンストア）は，その多くが成功とは程遠い状態にある。

（3）チェーンストア組織は，人材にかかわる問題に目を向けることが遅
　　かった。チェーンストアの多くが，社会の信頼を獲得するために必要と
　　される体系的な人材の採用活動に取り組んでこなかった。すなわち，そ
　　れらは有能な人材というよりも，チェーンストア組織の有効性に依存し
　　てきたのである。

（4）チェーンストアは，不必要に多くの製造業者の反感を買ってきた。

　その他の小売業に対するチェーンストアの位置づけを整理すると，その
「強み」や「弱み」となる諸要素は，経済発展の動向に左右されるところ
がある。チェーンストア経営の手法や方針には未熟な部分があるために，
現状を維持することで恩恵を得る主体[9] の反対や抵抗に直面する。しか
しチェーンストア経営に携わる人々の多くは，若々しく，活力があり，機
転が利き，さらに想像力にも富んでいる。また，百貨店にも同様に，成熟
した小売業として「強み」と「弱み」がある。すなわち，小売業界で揺る

ぎない地位を確立しており，社会や個人の習慣が都合良く作用している。しかし百貨店の経営者には，少々，保守的で，自己満足的で，活力や想像力に欠けるところが見られる。

4. チェーン百貨店

百貨店やチェーンストアの強みや弱みについて検討するのであれば，両者の混成種，いわゆる「チェーン」百貨店についても検討しなければならないだろう。この特異な混成種が誕生した時，とりわけウォールストリートの金融街で大きな話題となった。しかし，チェーン百貨店の株価が急落するに伴い，傍観していた多くの専門家たちは，それを「醜いアヒルの子」と称し，そうした結合に期待される効果を否定しようとしている。

まず，チェーン百貨店のような小売業は存在していなかったことについて述べておかなければならない。おそらく，シアーズ・ローバック（Sears Roebuck）の店舗が最も近いものとなるだろう。次いで，J・C・ペニー・カンパニー（J.C. Penny Company）が挙げられる。ドライグッズ・コーポレーション（Dry Goods Corporation）が連携したギンベルズ（Gimbel's）やザ・メイ・カンパニー（the May Company）などは，本格的なチェーンストアというよりも百貨店のオーナーシップグループ[10]と称した方が適切だろう。チェーンストア組織の最も本質的な特徴の1つとして本部の集中管理を取り上げることができる。しかし，それは百貨店のオーナーシップグループには見受けられない。

当初，チェーン百貨店の発起人や投資家たちは，既存店と合併さえすれば百貨店のチェーンストアが形成されるものと期待していた。彼らは，他業界におけるチェーンと同じように，百貨店業界がチェーン展開しても成功できるだろうと楽観視していた。しかし，こうした憶測は綿密な検討に

値しない。その他の業界におけるチェーンストアは，多くが比較的に小規模な個人経営の店舗を閉店に追い込んだ。単独の小売店と比べると，百貨店は規模が大きい。たとえ，それが小型から中型の百貨店であっても，個人経営の小売店にはない正式な内部組織が存在する。さらにチェーンストアが取って代わろうとしている個人経営の小売店は，しっかりと経営されていないものが少なくない。この点は，百貨店に該当しない。改めて確認しておくと，チェーンストアが成功した大きな要因は，それが卸売業と小売業を包摂する機能を果たしてきたことにある。百貨店業界は既に多くの商品を製造業者から直接仕入れているために，そもそも機能を融合する必要はない。百貨店とチェーンストアには若干の違いしか存在しないが，チェーン百貨店から他のチェーンストア組織を類推することは，無意味で表面的な取り組みになる。

　さらに百貨店がチェーン展開することで効率化を図るには，大きな障壁が存在する。まず，1つの中央組織を構える必要がある。そして，その中央組織を軸に既存の店舗を有機的に束ねなければならない。こうした取り組みには，多額の増資が必要となる。この3年間でHBBRは，単独で展開する百貨店とチェーン百貨店の業績を比較してきた。その結果，中央組織が統率するチェーン百貨店には，単独の百貨店よりも多くの営業費用を要していることが見出された。一方で，単独の百貨店よりも幾分多くの粗利益を生み出していた。おそらく，それは購買（仕入れ）力を集結させることで生じる節約からもたらされたものだろう。しかし，中央組織に統制される百貨店の購買費用は高くなったことにも触れておかなければならない。もちろん，それは仕入原価のことではない。このような数字は，複雑な組織を擁する複数の大規模な小売店を統合するに際して避けられない問題となる。百貨店がチェーン組織に転換する場合，さまざまな商品を取り扱うために分権化されてきた仕入体制を構築してきたことが大きな障壁と

なる。しかし一方で，品揃えの幅を狭く専門化したチェーンストアは，仕入体制の集中化を図ってきた。その購買機能は，販売機能と明確に区分されてきた。すなわち，百貨店とチェーンストアでは，関連する業務，伝統，そして人材に対する考え方が異なるために，それらを短期間で克服することは容易でない。例えば，個々の百貨店に属する各部門のバイヤーは，彼らの特権に執着する。すなわち，彼らは自身の立場の重要性を損なうことにつながるあらゆる取り組みを好意的に捉えることはないのである。

　このように百貨店がチェーン化することで即座に恩恵を得ようと期待したのは，極めて楽観的なことであった。しかし同時に，このような小売機関を即座に否定し，将来の可能性を期待しないことは極めて悲観的といわなければならない。それとは逆に，独立型の百貨店の経営者は，公式，あるいは非公式に類似の店舗と提携する可能性について冷静に検討しなければならない。少なくとも，以下の2つの問題に目を向ける必要がある。

(1)この10年間に見られたチェーンストアの成長率，そしてチェーンストアが取り扱う商品の種類に制限がないことを踏まえると，25年後には百貨店が擁する半数の部門が専門化したチェーンとの競争に直面するという可能性について冷静ではいられない。

(2)この10年間で百貨店の事業を行うための費用は，大幅に上昇した。しかし独立型の百貨店は，1つの中央組織の下に複数の小売店を集めた流通組織にチェーン方式を導入するような抜本的な組織改革を図ることによって，そのような費用の上昇問題を解決することはできなかった。

　現在のチェーン百貨店は，解決することが難しい差し迫った問題に直面しており，その解決には時間を要する。しかし私の個人的な考えを述べておくと，さまざまな課題に挑戦することには大きな意義がある。

5. おわりに

　最後に，このような流通革命の過程においては，新たな形態の大規模流通の登場が期待できることを振り返っておきたい。これまで百貨店業界で起きてきたことや現在のチェーンストア業界で起きていることから見れば，あらゆる種類の流通企業は３つの段階を通じて発展するものと一般化できるだろう。最初に，チェーンストアがそうであったように，それらは低価格を最大限に訴求することで市場参入を果たす。すなわち，低コスト経営に基づく低価格の商品を訴求することによって，消費者の注目を集めるのである。これが第１段階に相当する。次いで第２段階では，取扱商品の質について「格上げ（trading up）」を経験する。現在は，チェーンストアがその段階にあることを観察できる。取扱商品の質を格上げし，その過程で価格優位性を失うと，あらゆるサービスを提供する競争に特徴づけられる第３段階へと移行する。例えば，返品制の採用，高コストの事業展開，過度に競争的な広告の展開，そして設備投資の拡大などが挙げられる。現在の百貨店は，この段階に到達している。多額の資金が設備投資に充てられ，流動資産の割合が低下し，過剰な投資と高コスト経営が固定化する結果，投資に対する収益性が低迷する。

　こうした展開に加えて，第３段階では流通企業の経営陣が多少の動脈硬化を患うことになる。その結果，マーチャンダイジング（商品政策）は，創造的というよりも模倣的となる。すなわち，経営に慣性が強く作用するのである。経営者は，従来の取り組みから逸脱し，新しいことや抜本的な改革に挑戦することを躊躇するようになる。現在，多くの百貨店がこのような状況に陥っている。流通企業の多くが第３段階に到達すると，異なる形態の流通企業が再び低コスト経営に基づく低価格を訴求する形で参入し

てくる。最近，カリフォルニア州で，あるドラッグ・チェーン企業の経営
幹部が大きな不満を漏らしていた。なぜなら，彼らが「違法店舗」と称す
るグループが限られた立地条件を占拠し，回転率の高いトイレタリー（toi-
letry）[11]のみを取り扱い，大胆にもチェーンストアより価格を切り下げて
きたからである。

　伝統的な流通企業の資本利益率[12]が低迷するに従い，新たな流通方法
の開発に創意工夫が図られるようになる。近い将来，少なくともこれから
しばらくの間は，こうした展開が勢いを増すだろう。なぜなら，現在の過
剰生産に当たる状況が生産活動の効率化を図る新たな体制に向けての改革
意欲を削ぐことにつながり，その結果として流通業の分野に発明の才が向
けられることが期待されるからである。これからの将来も，ストラウス
（Strauss）[13]やウールワース（Woolworths）[14]の店舗は存在するだろう。
しかし，それらは百貨店や現在のチェーンストアに出店することはないだ
ろう。

■原注

(1)　本稿は，1931年7月24日と25日にハーバード経営管理大学院（Harvard Graduate
　　School of Business Administration）で開催された第1回の同窓会における特別企画
　　でなされた講演に基づくものである。
(2)　Nystrom, P.H., "An Estimate of the Volume of Retail Business in the United States,"
　　Harvard Business Review, January, 1925, p. 158 を参照されたい。
(3)　U.S. Department of Commerce, *Retail Trade in the City of Chicago, Ill.* (Prelimi-
　　nary Report of the Census of Distribution), Washington, Government Printing Of-
　　fice, 1930, p. 12.

■訳注

[1] McNair, M.P.（1931）"Trends in Large-Scale Retailing,"*Harvard Business Review*, 10（6）pp. 30-39.

[2] 1928 年からソビエト連邦のヨシフ・スターリン（Joseph-Stalin）の指導の下で推進された計画経済政策。工業や農業について 5 年ごとの計画を立て，その計画通りに生産や開発を行う政策。こうして産業を集団化することで国力の強化を図った。

[3] グローサリーとは，「グローサリーストア（食料雑貨店）」のこと。

[4] ドラッグとは，「ドラッグストア（薬局）」のこと。

[5] 製造業者や卸売業者に対する取引上の交渉力のこと。

[6] 百貨店は，英語で「デパートメント・ストア」と称される。周知のように，デパートメントとは，「部門」を意味する。「デパートメント・ストア」という名称は，この小売業態が「部門別管理」を採用することに由来する。商品部門別の組織によって，商品を仕入れ，管理し，そして販売するという部門別管理を採用することに特徴がある。商品別，あるいは売り場別の部門別組織の規模は大きなものでなくても，それが 1 つの屋根の下に集まることで大規模な小売機関を構築しているのである〔佐藤　肇（1971）『流通産業革命：近代商業百年に学ぶ』有斐閣，36-37 頁〕。

[7] 受取勘定回転率とは，売掛金や受取手形など売上債権の回収速度のこと。この回転率が高いのは売上代金の回収が早いことを意味し，低いのは代金の回収が遅いことを意味する。

[8] マーチャンダイジング・アローワンスとは，主としてメーカーが流通業者に提供する販売奨励金，あるいはインセンティブとして提供される卸売価格の割引のこと。

[9] 既存の卸売業者や小売業者のこと。

[10] オーナーシップグループとは，独立した百貨店の間で形成された連携組織のこと。

[11] トイレタリーとは，化粧品類や洗面用具のこと。人の肌や髪などを清潔に保ち，身だしなみを整えるために使われる日用品を総称する。

[12] 資本利益率とは，資本に対する利益率を示した指標で，経営に投下した資金が生み出している利益のこと。総資本営業利益率，総資本経常利益率，そして自己資本利益率がある。

[13] 1853 年にアメリカのカリフォルニア州サンフランシスコでリーヴァイ・ストラウス（Levi Strauss）によって創業された衣料品製造業者で，ジーンズを製造販売している。

[14] 1989 年にアメリカのペンシルベニア州ランカスターでフランク・ウィンフィールド・ウールワース（Frank Winfield Woolworth）によって創業された小売企業で，雑貨を 5 セントや 10 セントの均一価格で販売するバラエティ・チェーンストアを展開した。

Ⅲ
解説

マルカム・P・マクネア

出所：Salmon（1969），p.51.

マクネアの研究教育と
「小売の輪」の貢献

鳥羽達郎

1. はじめに⁽¹⁾

　マルカム・P・マクネア（Malcolm P. McNair）は，ハーバード・ビジネス・スクール（以下，HBS と略称）で小売業の研究教育に携わった学者である。彼が HBS で研究教育に携わることになったのは，思いがけない巡り合わせによるものであった。1916 年にハーバード大学を卒業したマクネアは，その翌年から同大学の大学院で英文学を専攻してシェークスピアの研究に没頭した。苦学生であったマクネアは，この間，文学部と政治学部で助手を務め，HBS で学生レポートの添削や採点のアルバイトを引き受ける機会があった。この経験を通じて，マーケティングや小売業に興味を抱くようになったという。1920 年に英文学の修士号を取得後，マクネアは HBS の専任講師（instructor）として教授陣の一員に加わることになった。アルバイトの仕事ぶりから彼の能力を評価したマーケティングの研究分野で世界的に名高いメルヴィン・T・コープランド（Melvin T. Copeland）の後押しを受けてのことであった。それから 1924 年に助教授（assistant professor），1927 年に准教授（associate professor），そして 1931 年に教授（professor）へと順調に昇格の途を辿った。第二次世界大戦中には，米軍の兵站将校（補給係幹部）養成校で文民校長を務めるという経験もした。そして 1950 年には，初代のリンカーン・フィレーン記念講座の教授に就任する栄誉に恵まれた。こうして 1961 年に退職するまで，マクネアは小売業の研究教育や実務的な支援で幅広く活躍してきた。本章の目的は，マクネアの HBS における教育活動とマーケティング学者としての研究活動の功績を概観することにある。とりわけ，マクネアの名を世界的に知らしめてきた小売業の研究で最も有名な理論（あるいは，仮説）の 1 つとして認識される「小売の輪（wheel of retailing）」にかかわる議論やその貢献について検討したい。

2.　ハーバード・ビジネス・スクールにおける教育

　周知のように，ビジネス・スクールにおける「ケース・メソッド」の教育方法を先頭に立って開拓してきたのは，HBS である。いまや世界中のビジネス・スクールで導入されているケース・メソッドは，1887 年にハーバード・ロー・スクールが最初に採用した教育方法といわれる。HBSでは，1908 年の創設当初からケース・メソッドが取り入れられてきた。とりわけ，1919 年に実務経験が豊富なウォレス・B・ドナム（Wallace B. Donham）が校長（研究科長）に就任して以来，効果的な教育方法として積極的に活用されてきた[2]。この教育方法は，講義で現実に近い状況を演出し，その中で意思決定や問題解決に取り組む機会を提供することに特徴づけられる。さまざまな事実が記述されたケースの分析を通じてあらゆる経営課題を疑似的に経験させることによって，動態的で複雑な現実社会における企業経営に要求される論理的な思考，適切かつ迅速な意思決定，そし

て効果的な問題解決にかかわる能力の養成を目的としている。

　学術的な先行研究が見出してきた原理や原則を教壇から一方的に伝える講義形式の教育方法では，学生自身の主体的な考察や発言を誘発することが難しく，必ずしも効果的な教育を期待できない。しかし，ケース・メソッドを採用する講義は，実際の経営にかかわるあらゆる局面について具体的な事実を記述したケースを教材とする討論を中心に展開される。したがって，講義に参加する学生には，ケースの熟読や学習事項についての周到な予習が要求される。こうした方法には，学生の主体的な考察や発言を促すことによって学習意欲や講義への参加意識を高めることが期待される。また，実際にビジネスの現場で発生する問題は，既存の学問体系の枠内で解決できる問題とは限らない。現実の企業経営には，組織の姿勢や活動を導く明確な経営理念と複雑な問題を多角的に考察する鋭い洞察力や柔軟な思考力が要求される。ケース・メソッドによる教育には，そうした能力を実践的に育むことも期待されている。

　マクネアは，ケース・メソッドによる教育の目的は，知的で大胆な行動の基盤を養うことにあると考えた。具体的には，知識人や書物による教えに偏重するのではなく，学生が絶え間なく変化する動態的な環境の中で直面するさまざまな問題と冷静に向き合い，自信を持って適切な意思決定や対応がとれるように支援することであると論じている。ビジネス・スクールの教員は，学生にそうした力を与えることはできない。それは多くの苦痛が伴う個人的な努力によって獲得されなければならない。そしてマクネアは，ビジネス・スクールにおける真の教育は教員の知識を一方的に注ぎ込むのではなく，学生の自立した考察や能動的な思考を育むことに他ならないと述べている[3]。しかしながら，その当時は豊富な判例が存在するロー・スクールや多くの症例に学ぶことが可能なメディカル・スクールと異なり，企業経営にかかわる意思決定の記録はどこにも存在していなかっ

た。

　そこで HBS では，自らケース・メソッドに必要な教材（ケース集）の
開発に取り組んできた。そうした挑戦は，コープランドが 1920 年に
『マーケティングの諸問題（*Marketing Problems*）』を出版したことに始ま
る[(4)]。それ以降，ビジネス・スクールにおける教材開発はマクネアの指揮
で推進されてきた。小売業を専門に研究するマクネアは，小売企業のマー
ケティングを素材とするケース集の開発に注力してきた[(5)]。コープランド
の指導を受けて，1926 年に『小売業における諸問題（*Problems in Retail-
ing*）』の編集に携わったのが最初の取り組みとなる[(6)]。同書には実際に小
売業が経験してきた諸問題が収集され，200 を超える多様なケースが掲載
された。もちろん，ケースには小売企業が現実社会で直面する課題を反映
する必要があるために改編を重ねてきた。まず 1930 年とその翌年に，初
版を充実させる形で『小売流通における諸問題（*Problems in Retail Distri-
bution*）』と『小売店舗のマネジメントにおける諸問題（*Problems in Retail
Store Management*）』に分けて編纂された[(7)]。この 2 冊の教材は，1934 年
まで利用された。それからしばらくは，さまざまな変化に応じて柔軟な改
編が可能となる謄写版の教材が用いられた。その後 1937 年には，その他
のビジネス・スクールでも利用できるように配慮してケースの冒頭に導入
部を加え，本文を簡約した入門教材として『小売業における諸問題』を作
成した[(8)]。さらに 1957 年には，5 冊目となる『小売マネジメントのケー
ス（*Cases in Retail Management*）』を出版している[(9)]。

　こうしたケース集を開発する目的は，単に情報を伝えることではない。
マクネアが指揮を執って編纂してきたケース集には，2 つの目的が設定さ
れていた。1 つは，小売業の諸問題にかかわる課題について，学生たちに
経営者の視点から分析する機会を提供することである。もう 1 つは，こう
したケースから健全な小売経営をもたらす原理や原則を帰納的に導き出す

ことを促すことである[10]。とりわけ，さまざまな問題について解答を提供するのではなく，学生自身が経営状況を分析することや意思決定する能力を育むことが重視された。したがって，ケース集を開発するに際しては，ケースを分析する学生が論理的な結論を導き出すことが可能となるように，経営の具体的な事実や課題を詳細に記述することに配慮された。また，基本的な原理を段階的に学習できるように，課題の構成や指導の順序が慎重に設計された[11]。

3. ハーバード・ビジネス・スクールにおける研究

真摯な教育者であったマクネアは，有能な研究者でもあった。HBS における在職期間には，小売業について多くの実務的な研究課題に取り組んだ。最初は小売業の在庫管理について研究していたが，次第にアメリカ小売業の動態を巨視的な視点から研究するようになった。ビジネス・スクールでのケース・メソッドに基づく教育方法は，マクネアの研究方法に影響を及ぼしてきた。講義で教材として利用するケース集の編纂に携わり，現実の問題を厳密に観察する機会に恵まれた。こうして，実態の観察を通じて原理や原則を浮き彫りにする帰納的な研究手法を経験的に体得したのである。

（1）小売業の在庫管理と百貨店の研究

マクネアは 40 年以上もの間，全米小売業界の支持を受けて百貨店と専門店の年次報告書（アニュアル・レポート）の執筆と検査に携わった。この年次報告書は企業の経営者，政府の役人，そして学界の研究者に貴重な情報を提供した。こうした取り組みは，1925 年に『小売業の在庫管理法

（*Retail Method of Inventory*)』と題する著書を出版することに結実した。
同書は，マクネアが初めて上梓した単著となる。小売業に携わる実務家に
経営分析の基礎を示すことを目的として[12]，実際の在庫管理で直面する
諸問題に対する解決策が具体的な事例を通じて検討された。多様な商品を
取り扱う小売業は商品の単位原価から棚卸資産を評価することが困難とな
るが，小売業における棚卸資産の評価方法として「小売棚卸法（売価還元
法)」の原理やその問題点などについて詳細に論じられている。周知のよ
うに，この方法では売価の合計額から棚卸資産を把握し，それに原価率を
乗じることで期末商品の原価が算定される。多様な取扱商品の個別管理が
不要となり，市場価値を反映した資産評価ができることが長所となる[13]。
本書では，その基本的な考え方や実践法が丁寧に説明されており，当時の
アメリカでは多くの小売企業がこの方法を採用したという[14]。

　次いで，小売企業の経営分析に注力してきたマクネアは，当時の小売業
界で最も大規模な店舗を展開する百貨店の分析に取り組んだ。その成果
は，多くのレポート，論文，そして著書を通じて発表された[15]。例えば，
ビジネス・スクールの研究員であったエレノア・G・メイ（Eleanor G.
May）と 1963 年に出版した『アメリカの百貨店 1920-1960：ハーバード・
レポートに基づく業績分析（*The American Department Store 1920-1960: A
Performance Analysis Based on the Harvard Reports*)』を取り上げることが
できる。アメリカの百貨店が直面する経営問題を具体的に把握することを
目的として，40 年間に及ぶ百貨店業界の経営分析がまとめられている[16]。
そこでは，客単価の増加，取扱商品の高額化，販売価格の上昇が売上高を
4 倍に拡大させたこと，粗利益率がおよそ 4％上昇したこと，売上高販売
管理費比率が 1920 年代の 29％から 1950 年代には 35％に拡大したこと，
そして税引き利益が下降傾向にあることが見出され，アメリカの百貨店が
高コスト経営に陥ってきたことが実証的に解明されている[17]。

　なお，マクネアの百貨店に関する研究は，経営分析にとどまらなかった。その後，個別企業の経営を対象とする微視的な視点から小売業界全体を俯瞰する巨視的な視点に拡大した。以後，百貨店の展開を社会経済的な環境条件との関係から考察することに挑戦してきた。例えば，1950 年に『ハーバード・ビジネス・レビュー（*Harvard Business Review*）』で発表した「先を読む（Thinking Ahead）」と題する論文では，アメリカの百貨店は環境変動に応じたマーケティングが展開できていないために衰退してきたことを指摘し，社会経済の変動がもたらす人々の生活様式の変化に創造的な適応を図るマーケティングの必要性を唱えた[18]。また，1977 年にバージニア大学ダーデン・スクール・オブ・ビジネスに移籍したメイと『ジャーナル・オブ・リテイリング（*Journal of Retailing*）』に発表した「これからの 10 年間で厳しい困難に直面する百貨店（Department Stores Face Stiff Challenge in Next Decade）」と題する論文においても，1950 年代から 1970 年代にかけてアメリカの百貨店が衰退してきた要因を俯瞰的に分析し，百貨店が消費者の生活様式や購買行動への対応を怠ったために成熟した小売機関へと凋落の途を辿ってきたことについて言及している[19]。

(2) 小売機関の発展過程に関する研究：「小売の輪」について

　なお，このように小売業の展開を社会経済的な環境条件との関係から巨視的に考察する取り組みは，百貨店だけに限定されるものではなかった。アメリカ小売業における革新的な小売機関の発展史を振り返ると，1880 年代に都心部で百貨店，そして農村部で通信販売が登場した。次いで 1910 年代から 1920 年代にかけて，食品，生活雑貨，そして衣料品のチェーンストアが猛威を振るう時代が到来した。それから 1929 年に勃発した世界大恐慌による慢性的不況期にスーパーマーケットが誕生し，第二

次世界大戦後にはディスカウントハウスやショッピングセンターが登場してきた[20]。1957年にピッツバーグ大学で開催されたセミナーでアメリカ小売業の歴史を展望したマクネアは，こうしたアメリカ小売業の歴史的な展開を以下のように描写した[21]。

　　アメリカの流通には，大なり小なり1つの明確な循環が存在しているように思われる。その車輪は，常に回転しており，時にはゆっくりと，そして時には速く回転するが，動きを止めることはない。その循環は，きまって大胆で斬新な発想，すなわち「革新」を原動力としてきた。これまで，さまざまな精鋭たちによって革新的なアイデアが生み出されてきた。その精鋭たちとは，ジョン・ワナメーカー，ジョージ・ハートフォード，フランク・ウールワース，W・T・グラント，ゼネラル・ウッド，マイケル・カレン，そしてユージン・ファカウフなどである。ここに紹介した創意工夫に富む人々は，新種の流通企業をもたらす斬新なアイデアを生み出してきた。参入当初の革新者は評判が悪く，嘲笑され，軽蔑され，さらに「非合法な」存在として非難される。また銀行や投資家たちは，彼らに慎重な姿勢を示す。しかし革新者は，その特質である低コスト経営から実現される低価格を訴求することによって大衆を魅了する。やがて格上げを図り，取扱商品の質を改善し，店舗の外観や立地条件を改善することによって，高い社会的地位を築き上げる。そうした取り組みが成功すると，追って成長期が到来する。成長期の革新者は，伝統的な経営手法に固執する時代遅れの小売業者から取引を奪い去る。アメリカの流通においては，こうした展開が繰り返されてきた。百貨店は19世紀末期から20世紀の初頭にかけて都市の小規模な商業者から取引を奪い，次いで初期のグローサリー・チェーンは小規模な卸売・小売のコンビネーション・ストアから取引を奪い去った。そしてスーパーマーケットは，初期のグローサリー・チェーンがその時流に便乗しなければならないほど猛威を振るい始めた。そして現在，ディスカウントハウスやスーパーマーケットが百貨店やバラエティ・チェーンから取引を奪い去っている。

① ホランダーの定式化

　マクネアの巧妙な描写に触発されたミシガン州立大学のスタンレー・C・ホランダー（Stanley C. Hollander）は，それを以下のように定式化して「小売の輪（wheel of retailing）」の仮説と称した[22]。一般的に認識されている「小売の輪」は，ホランダーによって定式化された内容となる。ここでは，代表的な先行研究における解釈や評価に目を向け，「小売の輪」について理解を深めることにしたい。

　　通常，新しい形態の小売業者は，低い社会的地位，低いマージン，そして低い価格の経営者として市場に参入する。それらは投資の増加や営業コストの高騰を招きながら，次第に精巧な建物や設備を確保するようになる。そして最終的に，それらは高コスト，高価格の小売業者として成熟し，再び同じパターンで登場する新たな形態の小売業者から攻撃を受けやすくなる。当初は小規模小売業者に対する強健な競争者として登場した百貨店が，現在はディスカウントハウスやスーパーマーケットとの競争にさらされている。こうした状態は，車輪のパターンを示す最高の例として，しばしば引き合いに出される。

　このように定式化された「小売の輪」は，小売機関の栄枯盛衰や新陳代謝の過程を俯瞰する巨視的な視点と小売機関の内部における変化の過程に着目する微視的な視点から認識されてきた。

　例えば，最初に「小売の輪」を巨視的な視点から認識したロナルド・R・ギスト（Ronald R. Gist）は，それを図表1のように描写している。この図表では，革新的な小売機関が時間の経過に沿って連続的に登場する過程が端的に描写されている。最初に，時点Aにa％の粗利益率で事業を展開する革新的な小売機関Ⅰが登場する。やがて小売機関Ⅰが追随者との競争過程で格上げを経験し，時点Bに到達する時には粗利益率をb％まで高める。この状態が新たな小売機関の参入を許し，既存の小売機関Ⅰの

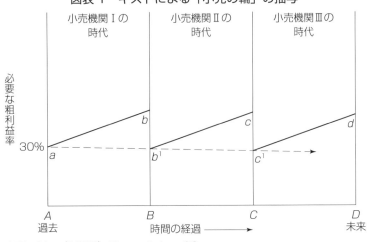

図表1　ギストによる「小売の輪」の描写

出所：Gist（1968），Figure 4-1, p. 90.

　a％やｂ％よりも低い粗利益率のｂ¹％で事業を展開する新たな革新者の小売機関Ⅱが登場してくる。それ以降も同様の経験が繰り返される形で，新たな小売機関が順に登場するパターンを説明している[23]。

　次いで，「小売の輪」を巨視的な視点と微視的な視点から認識した荒川祐吉は，それを図表2のように描写している[24]。この図表では，低価格を訴求することで登場する革新的な小売機関の百貨店が，差別的優位性を求める中で「品揃え訴求」や「サービス訴求」を強化する格上げを図ることでマージン（粗利益）の上昇が余儀なくされ，その隙に次なる革新者のスーパーマーケットが参入してくることが明示的に描写されており，ホランダーが定式化した単線的な循環過程がわかりやすく表現されている。すなわち，革新者の登場，その格上げ，そして新たな革新者の登場という過程が時間の経過に沿って繰り返されることが車輪の回転を連想させるような形で描写されているところに特徴がある。また，回転する「小売の輪」

図表２　荒川による「小売の輪」の描写

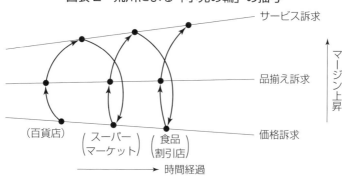

出所：荒川（1969），78頁。

　の軸が固定されていないこと，すなわち革新者として登場する新たな小売機関が訴求する低価格の源泉が既存の小売機関を上回る新たな低コスト経営に立脚することが描写されているところにも特徴がある。

　さらに巨視的な視点から認識したウイリアム・H・ボーレン（William H. Bolen）は，「小売の輪」を**図表３**のように描写している[25]。革新的な小売機関が時間の経過に沿って順に登場してきた過程を単純明快に「車輪の回転」で表現しており，視覚的な理解を助ける。1957年のセミナーにおけるマクネアの講演に対して最初に建設的な見解を示したリーヴィス・コックス（Reavis Cox）は「問題の全貌を把握するためには，マクネア教授の回転する車輪という巧みな描写は修正しなければならない。これから我々が経験することは，１つの固定された車輪の回転ではない。我々は絶えず前進している。したがって，車輪がひと回りした時には，我々は出発したもとの場所に戻るわけではない。社会の特質や生活の計画は，絶えず変化している」[26]と述べているが，この図表も**図表２**と同様に，順に登場する小売機関に備わる革新（車輪）の軸が異なることについて表現していることを評価できる。

図表3　ボーレンによる「小売の輪」の描写

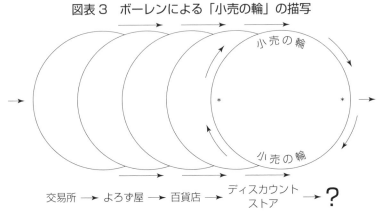

交易所　→　よろず屋　→　百貨店　→　ディスカウント
ストア　→　?

出所：Bolen（1978），Figure 1-12, p. 16.

　そしてステファン・ブラウン（Stephen Brown）は，以上に取り上げた
3つの図表が革新的な小売機関の世代交代を俯瞰的に描写しているのに対
して，革新者として登場する小売機関の内部における変化に着目して**図表
4**のように描写している⁽²⁷⁾。この図表では，小売機関の内部における変
化の過程を「参入段階」「格上げ段階」，そして「脆弱性の段階」に区分し
て認識し，各段階における特徴的な取り組みが詳細に示されている。最初
に，「低価格」「最小限のサービス」「限定的な品揃え」などに特徴づけら
れる革新的な小売業者が登場する。次いで，追随的に登場する類似の小売
機関との競争で「豪華な店舗施設」「豊富なサービス」，そして「幅広い品
揃え」などで格上げすることによって伝統的な小売業者となる。やがて過
剰な投資や従来の戦略に固執する保守的な経営に陥り，投資利益率も低迷
することで攻撃を受けやすい脆弱な小売業者へと変化することが明快に表
現されている。
　さらにジョン・ファーニー（John Fernie）らは，**図表4**における3つ
の段階を特徴づける具体的な取り組みを若干調整するような形で**図表5**

図表 4　ブラウンによる「小売の輪」の描写

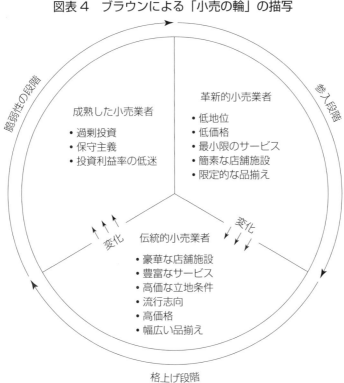

出所：Brown（1987），Figure 2, p. 11.

を描写している[28]。最初に第 1 段階では，「低価格」「限定的な品揃え」「最小限のサービス」に特徴づけられる革新者が登場する。次いで第 2 段階では，革新者が「適度な価格」「高品質の商品」「品揃えの拡大」「豪華な店舗施設」，そして「豊富なサービス」などの格上げを経験することで変化する。そして第 3 段階では，格上げの取り組みが高級品市場に到達し，「高価格」「高品質の商品」「幅広い品揃え」，そして「サービスの強化」に特徴づけられる成熟した小売組織に変化する。この図表では，**図表 4** よ

図表 5　ファーニーらによる「小売の輪」の描写

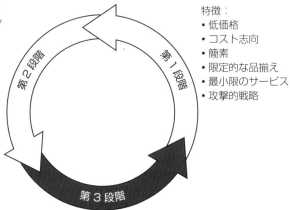

第 1 段階‒参入
新規革新者の登場

特徴：
• 低価格
• コスト志向
• 簡素
• 限定的な品揃え
• 最小限のサービス
• 攻撃的戦略

第 2 段階‒格上げ
小売業者の格上げ

特徴：
• 適度な価格
• 高品質の商品
• 品揃えの拡大
• 豪華な店舗施設
• 豊富なサービス

第 3 段階‒脆弱な段階
成熟した小売組織

特徴：
• 高級市場
• 高価格
• 高品質の商品
• 幅広い品揃え
• サービスの強化

出所：Fernie *et al.* (2015), Figure 2-1. p. 30.

りも格上げを通じて成熟する第 2 段階から第 3 段階への流れが丁寧に説明
されている。

　以上のように描写されてきた「小売の輪」については，経済学における
競争論の枠組みからさまざまな解釈がなされてきた。例えばルイス・P・
バックリン（Louis P. Bucklin）は，寡占市場における屈折需要曲線の視点
から革新的な小売機関の行動を解釈している。すなわち，革新的な小売機
関の価格設定は硬直化する傾向があるために，既存の低価格設定を凌駕す

る革新を備えた新たな小売機関が登場するまでは，差別的優位性を追求す
る過程で非価格競争（格上げ）が図られることについて説明している[29]。
またシェルビー・D・ハント（Shelby D. Hunt）は，小売業界における差
別的優位性を追求する競争行動の視点から革新的な小売機関の登場や格上
げの過程を認識すると，「小売の輪」の妥当性が高まることについて提案
している[30]。そして白石善章は，「小売の輪」の回転を，革新的な小売機
関と既存の小売機関の競争，革新的な小売機関と追随的な小売機関の競
争，そして次なる革新的な小売機関と既存の小売機関の競争という視点か
ら認識し[31]，小売市場で繰り広げられる「異形態間競争（inter-type com-
petition）」→「同形態内競争，あるいは水平的競争（intra-type competition）」
→「異形態間競争」という競争形態の循環として解釈している[32]。

　こうして一定の妥当性や教育的教訓[33]が認められてきた「小売の輪」
は，マーケティングの研究領域が独自に生み出した数少ない理論であり，
偉大な業績として評価されてきた[34]。小売業の研究においては，最も有
名な理論の1つとして評価されている[35]。例えば，観察事実から帰納的
に法則性を抽出する「小売業における経験的一般化（Empirical Generaliza-
tion in Retailing）」について特集した『ジャーナル・オブ・リテイリング』
（第90巻 第2号）の巻頭言では，その代表例として「小売の輪」と「小売
吸引力の法則（Law of Retail Gravitation）」が取り上げられている[36]。ア
メリカ小売業の発展史から導き出された「小売の輪」は，歴史を俯瞰する
ことで現象に潜む法則性を浮き彫りにする帰納的な考察を象徴するものと
して評価されたのである。

　日本では，アメリカで「小売の輪」が提唱されてからしばらく後に，さ
まざまな研究論文で取り上げられるようになった。最初に「小売の輪」を
紹介したのは，神戸大学経営学部の荒川祐吉であった。商業が社会的機能
を果たすためには生産と消費の変化に対応することが必要となることにつ

いて言及する中で，「小売形態の展開について価格訴求からはじまって品揃え訴求そしてサービス訴求への輪廻し対応的にマージンが高くなっていくという小売輪廻説」[37] と概説された。以後，さまざまな研究論文で取り上げられ[38]，日本における小売商業形態[39] やその展開にかかわる研究の礎が築かれた。その延長線上で，大学教育における流通論や商業論などの講義に用いられる教科書[40] や用語辞典[41] においても取り上げられる必須の項目として位置づけられてきた。これまでには，そうした科目の定期試験，商学系大学院の入学試験，そして日本商工会議所が実施する「リテイルマーケティング（販売士）検定試験」などの問題にも出題されてきた[42]。それほどに評価されているのである。

　以上に概観した「小売の輪」については，おおよそアメリカやイギリスなどの先進諸国における小売機関の展開を説明するものとして評価されてきた。マクネアの見解を定式化したホランダーも「このパターンに合致する多くの例が見られる」[43]「この仮説は，工業化されて経済が拡張する国々に共通するパターンを示しているように思われる」[44]「アメリカでは，多くの小売機関は，マクネアが『小売の輪』と称する発展パターンを辿ってきた」[45]，そして「近年のアメリカや西欧におけるあらゆる小売機関の経験に合致する」[46] と述べているように，一定の妥当性を認めている。しかし一方で，あえて自身の定式化を批判的に検討し，必ずしも「小売の輪」の仮説に合致しない5つの具体的な事例を見出している[47]。

① 発展途上国における近代的な小売機関は，「小売の輪」のパターンとは逆に，中間所得者層および高所得者層を標的として登場してきた。
② 日本においては，20世紀初頭の30年間にわたって，百貨店の間で激しい価格競争が展開されていた。
③ イギリスにおいては，革新的な小売機関の登場に直面した伝統的な

小売業者の値引きによる応戦が見られた。

④ アメリカにおける自動販売機の展開は，高コスト・高マージンの経営に基づいて利便性が提供されてきた。

⑤ アメリカにおける百貨店の郊外部における支店の展開や初期の計画的ショッピングセンターは，郊外で生活する裕福な人々を標的としてきた。

以上の具体的な指摘は，次のように解釈することができる。第1に，革新的な小売機関は，低コスト経営に基づき低価格を訴求する形で登場するとは限らない（①，④，⑤）。第2に，すべての革新者が追随者との競争過程で格上げを図るとは限らない（②，③）。そして第3に，すべての革新者が既存の小売機関に対して優位性を獲得できるとは限らない（③）。こうして，「小売の輪」の仮説の普遍的な妥当性を否定したホランダーの考察は，その後に活発な議論を導く火付け役となった。以下では，「小売の輪」に備わる問題点について言及した先駆的な研究における主要な見解を簡単に振り返ることにしたい。

例えばロー・オルダーソン（Wroe Alderson）は，「小売の輪」には革新的な小売業者の登場に対する消費者の反応が考慮されていないことについて言及した[48]。オルダーソンによれば，小売業者の存続や成長は，消費者に提供する「サービスの束（bundles of services）」が受容されるかどうかに依存するとされている。そして「小売の輪」における格上げは，必ずしも追随者との競争に誘発されるものではないことを指摘した。また，既存の小売業者がそれまで提供してきたサービスの束を容易に捨て去ることができないことにも注目している。なぜなら，それには既存の顧客を失う危険性が伴うからである。そして「小売の輪」が想定するように，すべての小売業者が必ずしも格上げをするわけではないことを指摘した。こうし

て「小売の輪」の説明には，「その体系に消費者を呼び戻す必要がある」[49]と論じている。また同様の視点から，「小売の輪」では，異なる顧客層を標的とする多様な小売機関の安定的な棲み分けが想定されていないといった見解も示されている[50]。

　次いでアリー・ゴールドマン（Arieh Goldman）は，ホランダーが指摘した格上げにかかわる問題について検討した。とりわけ，「小売の輪」で想定される格上げの原因や前提条件に考察を加えている[51]。最初に，格上げの原因は，追随者との競争に限定されないことを指摘した。そして，欲求が十分に満たされていない顧客の存在や生活水準の向上に着目した[52]。また，「小売の輪」における既存の小売機関は，消費者の要求に対応できていないこと，低価格や低サービスを要求する消費者の需要を放置していること（すなわち，革新者は放置された消費者を標的として登場すること），さらに新たな革新者の登場に反撃する意識や能力がないことが想定されていることに疑問を呈した。そして，豊富な品揃えやサービスは顧客の要求に応じて追加的に提供されてきたこと，すべての革新者が既存の小売機関から顧客を引き寄せてきたわけではないこと，そして既存の小売機関が革新者に反撃してきた事例が存在することを示し，すべての想定が必ずしも正しくないことを指摘した。こうして「小売の輪」は，その妥当性が十分に検証されていないと評価した。

　そしてエルデナー・ケイナック（Erdener Kaynak）は，ホランダーが指摘した発展途上国における不適合の事例について検討した。発展途上国におけるスーパーマーケットは，「小売の輪」の説明とは逆に，一部の中間所得者層や高所得者層を標的として，高価格や高サービスに特徴づけられる小売機関として登場してきたことに着目している。具体的にはトルコにおける食品小売業の発展過程を分析し，同国ではスーパーマーケットが贅沢で高級な小売機関として高所得者層が生活する地区に登場してきた事実

に触れながら，小売機関の成長発展はそれを取り巻く環境条件と密接に関係していることについて説明した。先進諸国で生み出されてきた革新的な小売機関は，その経済的，社会的，文化的，法的な環境条件や制度に基づいて構築されてきたものであるために，それらが極端に異なる発展途上国に持ち込むことには物理的な限界があるというのである。例えば，交通基盤，物流業，そして卸売業などの発展レベルに影響を受けることは容易に想像できるだろう。すなわち，環境条件が異なると小売機関の機能的な役割を再現することが難しくなるのである。こうしてケイナックは，「新たな小売機関を導入するのに好ましい環境条件が整っている場合に限って，『小売の輪』は回転することができる」[53]と論じている。この他にも，いくつかの発展途上国における経験を事例に「小売の輪」の普遍性を検証しようとする研究論文が発表されている[54]。

　最後にロナルド・サビット（Ronald Savitt）は，「小売の輪」で説明されていることが少数の表面的な観察に依拠したものであり，その妥当性が定量的に検証されていないことを問題視した[55]。具体的には，「小売の輪」の回転をどのように認識し，それをどのように測定するのか考えて検証する必要性を唱えている[56]。例えば「小売の輪」が想定するように，革新者として登場する小売機関が本当に格上げを図っているのか疑問を抱いたのである。そしてイギリスで家電製品のディスカウント店として誕生したコメット・ラジオビジョン（Comet Radiovision）の実証研究に挑戦している。1970年から1979年までの10年間に同社が取り扱った商品の種類，ブランド，そして供給業者の数の推移を追跡することによって，格上げの有無や原因について分析した。その結果，若干の格上げが観察されたが，それは必ずしも追随者との競争関係だけに起因するものでないことを見出している。サビットは，こうした実証研究を踏まえ，一貫して「小売の輪」が普遍的な法則や理論であるかのように取り上げられることに対して

批判的な姿勢を示している⁽⁵⁷⁾。

　こうした議論を契機として，「小売の輪」に備わる限界の克服に挑戦する試みの中で，さまざまな代替理論や仮説が提唱されてきた。例えば，最初に「小売の輪」を検討したホランダーは，小売機関の登場を「取扱商品の幅」という視点で観察し，それが百貨店のように広い小売機関と専門店のように狭い小売機関が交互に登場してきた歴史的法則性を見出すことによって，それを楽器のアコーディオン（手風琴）の伸縮運動になぞらえて「小売アコーディオン（retail accordion）」と称した⁽⁵⁸⁾。いずれも興味深いものであるが，それらの紹介や包括的な検討については既に優れた先行研究が存在している⁽⁵⁹⁾。ここでは屋上屋を架すことを避け，それらの紹介は割愛することにしたい。

②　マクネアが描写した「回転する車輪」

　以上で概観してきた「小売の輪」にかかわる議論は，マクネアの意図とは異なる形で展開されてきた。1957 年にピッツバーグ大学で開催されたセミナーでアメリカ小売業の歴史を展望したマクネアの基調講演（論文）は，ホランダーが定式化したような革新的な小売機関の登場やその後の展開にかかわる理論や仮説を提唱することを目的とするものではなかった。同基調講演（論文）の冒頭で「今世紀を通じて，現在ほど小売流通が劇的に変化する時代を経験したことはない。こうしたアメリカ流通の特徴は，高度な経済，あらゆる基準が比較的に自由な経済，そして流通が高度に競争的な経済の絡み合いの中からもたらされてきた。本稿は，現代アメリカにおける流通の現状を小売部門に焦点を当て，その動態と課題について概説することを目的としている」⁽⁶⁰⁾と明言されているように，マクネアの関心はアメリカにおける小売業の潮流を巨視的な視点から展望することにあった。それは，同基調講演（論文）の全体構成から見ても明らかである

図表6　「小売の輪」を提唱した論文の目次

第01節	はじめに
第02節	大量消費市場の到来（The New Mass Market）
第03節	絶え間ない生産（Production Unlimited）
第04節	小売革命（The Retail Revolution）
第05節	変化する消費者の忠誠（The Shifting Allegiance of Consumers）
第06節	利益の圧迫（Profit Squeeze）
第07節	新たな競争（The New Competition）
第08節	流通における技術の到来（Technology Comes to Distribution）
第09節	潮流に潜む競争のダイナミクス （The Competitive Dynamics behind the Trends）
第10節	百貨店問題の考察 （A Closer Look at the Department Store Problem）
第11節	小売能力と経費率（Retail Capacity and the Expense Rate）
第12節	大学に対する意義（The Significance for the University）

出所：McNair（1958），pp. 1-25.

（図表6参照）。また同基調講演（論文）には，ホランダーの定式化には合致しない見解が示されている。新たな革新者の登場に直面する百貨店の課題を検討する中で，その格上げは追随者との競争というよりも収入が増えた消費者の要求に応じたものであったことについて言及している。その他にも，「車輪は回転しており，百貨店は革新や進化を図るのか，あるいは別の対応を取るのか意思決定を迫られている」[61]と述べており，百貨店は格上げを含めてあらゆる対応を取り得ることを示唆している。こうした見解は，既存の小売機関の反撃や対応行動を想定しないホランダーの定式化がマクネアの真意に従っていないことの証左となるだろう。

　さらに，それはマクネアがバージニア大学ダーデン・スクール・オブ・ビジネスのメイと1976年に出版した『"小売の輪"は回る：米国の小売形態の発展（*The Evolution of Retail Institutions in the United States*）』からも確認することができる。同書の目的は，1850年から1975年までのアメリ

カにおける小売形態の変革に焦点を絞り，その歴史的事実を俯瞰しながら変革を誘発した原因を考察することであった。そこでは，小売業を取り巻くさまざまな環境条件との相互作用の産物として革新的な小売形態が登場してきたことが検証されている[62]。小売商業形態の登場や成長は，経済環境，技術環境，そして生活環境から間接的な影響を受けながらも，特に経営者の挑戦，消費者の変化（欲望，習慣，態度，洗練，生活様式），そして製造業者や卸売業者によるマーケティングの変化によって誘発されてきたことが見出されている[63]。こうした分析は，明らかにホランダーが定式化した「小売の輪」の説明とは異なる。

　なお，彼らは1978年に『ハーバード・ビジネス・レビュー』で発表した「"小売の輪"が描く小売業の未来図（The Next Revolution of the Retailing Wheel）」と題する論文において，アメリカで鉄道や郵便という社会基盤の整備が小売業の発展に大きく影響してきたように，情報処理やコミュニケーションにかかわる技術の発展が未来の小売業や消費者の行動パターンに大きな変化をもたらすことを見通していた。具体的には，テレ・コミュニケーション・ショッピングの時代が到来することを明言していた[64]。近年の小売業界における最大の革新は，電子商取引の躍進といっても過言ではない。現在，彼らが予見していたように情報通信技術（ICT）が発展し，パーソナルコンピュータ，タブレット，スマートフォンなどの多様な端末機を介する電子商取引が全盛を誇っている。そしてネット（仮想店舗）がリアル（実店舗）の存在を凌駕しようとしている。彼らは，いまから40年以上も前にこうした社会が到来することを見通していた。

　このようにマクネアの研究を振り返ると，これまでの「小売の輪」にかかわる議論がマクネアの意図とは異なる形で展開されてきたことがわかる。むしろ，マクネアの意図を逸脱しているようにも思われる[65]。これまでの誤解ともいえる認識は，ホランダーが「『小売の輪』とは，マルカ

ム・P・マクネア教授が提唱した小売発展のパターンに関する重要な仮説の名称である」(66)と紹介し，独自に定式化して議論したことに端を発する。1958年に発表された原著を詳細に確認してみると，マクネアは6ヵ所で「車輪（wheel）」という単語を用いている(67)。しかし，一度も「小売の輪」という表現は用いていない。すなわち厳密には，この表現もホランダーによって生み出されたものとなる。こうした事実を確認すると，一般的に認識されている「小売の輪」は，マクネアの「小売の輪」というよりもホランダーの「小売の輪」として認識する方が適切なのかもしれない。これまでこのような経緯が不明瞭であったのは，マクネアが執筆した原著を参照することが難しかったことに起因しているように推察される。その原著はセミナーの基調講演で発表されたマクネアの論文と4名の登壇者による討論の原稿を編纂する形で書籍化されたものであったことから，通常の専門書や教科書のように幅広く流通しておらず，多くがホランダーの定式化を起点として議論せざるを得なかった。また，マクネアの見解を辿るとしても，後に出版された『"小売の輪"は回る』の冒頭部で引用されている原著の一部を(68)を参照することしかできなかったために，マクネアの本来の意図を汲み取ることが叶わなかったのだろう(69)。

③「回転する車輪」の原点

なお，車輪の比喩表現を用いるまでには及ばなかったが，マクネアは1957年にセミナーで発表するよりも四半世紀ほど前に，アメリカ小売業の発展過程には1つの循環運動が存在することについて言及していた。それは1931年に「大規模小売業の潮流（Trends in Large-Scale Retailing）」と題して『ハーバード・ビジネス・レビュー』で発表した論文の中で，以下のように論じられていた(70)。

　これまで百貨店業界で起きてきたことや現在のチェーンストア業界で起きていることから見れば，あらゆる種類の流通企業は3つの段階を通じて発展するものと一般化できるだろう。最初に，チェーンストアがそうであったように，それらは低価格を最大限に訴求することで市場参入を果たす。すなわち，低コスト経営に基づく低価格の商品を訴求することによって，消費者の注目を集めるのである。これが第1段階に相当する。次いで第2段階では，取扱商品の質について「格上げ」を経験する。現在は，チェーンストアがその段階にあることを観察できる。取扱商品の質を格上げし，その過程で価格優位性を失うと，あらゆるサービスを提供する競争に特徴づけられる第3段階へと移行する。例えば，返品制の採用，高コストの事業展開，過度に競争的な広告の展開，そして設備投資の拡大などが挙げられる。現在の百貨店は，この段階に到達している。多額の資金が設備投資に充てられ，流動資産の割合が低下し，過剰な投資と高コスト経営が固定化する結果，投資に対する収益性が低迷する。

　こうした展開に加えて，第3段階では流通企業の経営陣が多少の動脈硬化を患うことになる。その結果，マーチャンダイジング（商品政策）は，創造的というよりも模倣的となる。すなわち，経営に慣性が強く作用するのである。経営者は，従来の取り組みから逸脱し，新しいことや抜本的な改革に挑戦することを躊躇するようになる。現在，多くの百貨店がこのような状況に陥っている。流通企業の多くが第3段階に到達すると，異なる形態の流通企業が再び低コスト経営に基づく低価格を訴求する形で参入してくる。

　マクネアがアメリカ小売業の発展パターンについて言及した記述は，その他にも存在している。1937年に出版した『小売業における諸問題』の序章においてアメリカ小売業の歴史を展望する中で，以上で紹介したものと同様の法則性があることについて言及していた[71]。マクネアは，革新的小売機関が登場する過程を「潮の満ち引き」になぞらえて以下のように説明している。

　小売機関の間で繰り広げられる日々の競争による混乱は，潮の満ち引きとして認識することができる。例えば，昔の百貨店，戦後のチェーンストア，そして近年のスーパーマーケットのように，新たな形態の小売機関が華々しく登場するに際しては，市場で優位な地位を獲得するための基盤として，価格訴求がなされる傾向がある。こうした展開の第1段階では，取扱商品の品質は特段に高くなく，大抵は店舗環境も魅力的ではなく，必要最低限の顧客サービスのみが提供されるために，事業を行うための費用や商品の値入率は低く抑えられる。やがて第2段階が訪れるが，そこでは取扱商品の品質が引き上げられ，魅力的な建物や店舗設備が整備され，広告やその他の販売促進活動が積極的に展開され，さらに豊富な顧客サービスが提供されるようになる。その結果，事業を行うための費用や商品の値入率は高くなる。そして第3段階においては，魅力的な店舗や設備を競う競争が激しくなり，広告が増え，さらに多くのサービスが提供されるために，事業を行うための費用や値入率は，再び企業家精神に富む新たな経営者が低コスト経営に基づいて低価格を訴求する事業に参入することを促すほどにまで上昇する。こうして新たな小売機関との競争に直面する既存の小売機関は，彼らに憤りを覚え，自らがそのように発展してきたことを忘れ，彼らを非合法なものとして攻撃する。

　このように車輪の比喩を用いる前に，少なくとも2回にわたって循環的な小売業の発展パターンについて言及していたにもかかわらず大きな議論に発展しなかったことを振り返ると，マクネアの車輪の比喩がホランダーの関心を引き付けたこと，そしてホランダーの定式化と批判的な考察が活発な議論を誘発させてきたことをうかがい知ることができる。

4. おわりに：マクネアの貢献

　以上，本章ではマクネアの研究教育がもたらした功績を概観してきた。

改めて彼の人物像を要約すると，真摯な教育者，実務への参画者，そして
卓越した学者という側面から捉えることができる。マクネアのおよそ半世
紀にわたる教育者としての評価は，1964 年に全米小売業者協会が彼の功
績を称えるために開催した晩餐会の席での「私が誇りに思うことは，私自
身が個人的に成し遂げてきた何よりも，HBS の修了生たちによって成し
遂げられたことにある。彼らは，私の不朽の業績といえるでしょう」(72) と
いう彼の挨拶の言葉に示唆されている。マクネアの教育活動は，自身のビ
ジネス・カウンセラーとしての豊富な経験に裏打ちされたものであった。
HBS に在職した期間には可能な限り実務に参画し，アライド・ストアズ・
コーポレーション（Allied Stores Corporation）やジョン・ワナメーカー
（John Wanamaker）といった百貨店で役職を担ってきた。その多くは大規
模の小売企業を対象とするものであったが，業界や規模を問わずあらゆる
企業の相談役を務めた。こうしたマクネアの活動に対する評価は，彼に経
営指導を受けた中小企業の経営者による「彼は常に頼りになる熱心な相談
相手であり，我々が抱える課題の解決に親身に寄り添ってくれた。また，
莫大なリスクが伴う新規事業を支援し，成長の機会をもたらしてくれ
た」(73) という感謝の言葉からも読み取ることができる。そして 1952 年に
は，小売業界における多大な実務的貢献が称えられ，全米小売ドライグッ
ズ協会から金賞を受賞した。そして最後に，マクネアの卓越した学者とし
ての評価は，さまざまな賞を受賞してきたことから明らかである。例えば
1953 年には，マーケティングの研究分野で最高峰の栄誉と称されるポー
ル・D・コンバース賞（第 3 回）を受賞した。同年には，『独占的競争の理
論（*The Theory of Monopolistic Competition*）』を執筆したエドワード・H・
チェンバリン（Edward H. Chamberlin）も受賞している。
　本章では，マクネアの研究教育における貢献の中でも「小売の輪」にか
かわる議論に注目してきた。以上で概観したように，「小売の輪」の評価

については２つの立場がある。１つは，その普遍性の欠如と向き合う立場である。そしてもう１つは，小売業の研究領域に有意義な議論をもたらした貢献を評価する立場である。先行研究ではさまざまな側面から理論としての不完全性を指摘する一方で[74]，それらは総じてアメリカやイギリスなどの先進国における事実を説明していると評価している[75]。多くの学者や学生の関心を引き寄せる魅力的な仮説や理論は，その後の議論を活性化させるという意味で評価することができる。すなわち，その普遍的な説明力の欠如が豊富な議論を誘発することで研究を深化させてきたことは評価に値する[76]。また，流通の国際比較や小売業の国際化などの派生的な議論を誘発してきたことも評価することができる[77]。

なお，マクネアは1976年に『"小売の輪"は回る』を出版した際，ホランダーの定式化や批判的検討について弁明することも異議を唱えることもしていない[78]。もちろん，そうした議論があることを認識していなかったわけではない[79]。いまやその真意を知る由もないが，ビジネス・スクールで討論を中心とする教育方法を重視したマクネアは，あえてそうすることによって学界での議論を促したのではないだろうか。実際，これまでの議論は，マクネアによるアメリカ小売業の発展過程に対する車輪の比喩，ホランダーの定式化と批判的な考察，それを契機とする議論の芽生え，その拡張や修正を図る議論や代替的な理論仮説の提唱による研究の進展，そしてそれらの批判的検討に基づく議論の成熟という「『小売の輪』の輪（the wheel of the wheel of retailing）」と表現することができる研鑽の積み重ねを見せてきた[80]。このように解釈するならば，そうした彼の思惑も学者としての評価に値するといえるだろう。

■注

(1) マクネアの経歴については，McNair and Hersum（1954, pp. 288-289），Salmon（1969），McNair and May（1976, p. 150），Greer（1985, p. 6）を参照している。

(2) David（1954），pp. vii-ix.〔慶応義塾大学ビジネス・スクール訳（1977），v-viii 頁〕；吉原（1999），12-20 頁。

(3) McNair（1954），pp. 22-24.〔慶応義塾大学ビジネス・スクール訳（1977），33-36 頁〕

(4) Copeland（1920）

(5) なお，その他の科目についてもケース集を作成している。マーケティングについては，McNair et al.（1942），McNair and Hansen（1949a；1949b），そして McNair et al.（1957a）を刊行している。また，ビジネス・エコノミクスに関する McNair and Meriam（1941）や食品流通に特化した McNair et al.（1964）などのケース集も作成してきた。

(6) それは HBS が最初に出版したケース教材である David（1922）を参考として作成された（David and McNair, 1926）。

(7) McNair and Gragg（1930, 1931）

(8) McNair et al.（1937）

(9) McNair et al.（1957b）

(10) McNair and Gragg（1930），p. v.

(11) David and McNair（1926），p. v.

(12) McNair（1925），p. iii.

(13) McNair（1925），pp. 45-64.

(14) Kraemer（1925），pp. 96-97；Salmon（1969），p. 52.

(15) 例えば，百貨店の経営と不動産に対する支出の関係性について経営分析を行っている（McNair, 1931a；1931b）。

(16) McNair and May（1963），p. v.

(17) McNair and May（1963），pp. 82-87.

(18) McNair（1950）

(19) May and McNair（1977）

(20) アメリカ小売業の歴史については，佐藤（1971），鳥羽（1974），徳永（1992），そして中野（2007）などの優れた研究成果が存在している。

(21) McNair（1958），p. 17.

(22) Hollander（1960），p. 37.〔嶋口訳（1979），99 頁〕

(23) Gist（1968），pp. 90-92.

(24) 荒川（1969），78 頁。

(25) Bolen（1978），p. 16.

(26) Smith（1958），pp. 56-57.

(27) Brown（1987），pp. 10-12.

(28) Fernie et al.（2015），pp. 30-32.

(29) Bucklin（1972），pp. 120-122.

(30) Hunt (1976), pp. 60-61. 〔阿部訳 (1979), 110-112 頁〕

(31) 白石 (1976), 42, 49-50 頁。

(32) 白石 (1982), 14, 17 頁；白石 (1987), 135-136 頁。

(33) 例えば，①高価格設定は低価格を訴求する競争者の参入を促すこと，②コストの上昇は競争優位の弱体化を招くために常にコストを意識しておかなければならないこと，③新たな形態の競争に対応することは難しいこと，④成功している時に失敗の種をまいていること（マーケティングを怠ることや組織に慣性が作用することなど），という教訓が備わることについて評価されている（Dickinson 1988, p. 185）。

(34) Sheth *et al.* (1988), pp. 187-189. 〔流通科学研究会訳 (1991), 217 頁〕；Brown (1990), p. 143.

(35) 田村 (2001), 228 頁；田村 (2008), 38 頁；Worrall and Newman (2014), p. 573.

(36) Kamakura *et al.* (2014), p. 121.

(37) 荒川 (1966), 43 頁。

(38) 詳細に検討した先駆的な文献としては，鈴木 (1967, 15-21 頁)，荒川 (1969, 74-84 頁)，白石 (1976)，荒川・白石 (1977)，木綿 (1979, 64-66 頁)，小原 (1979, 108-115 頁)，白石 (1982)，関根 (1985, 22-30 頁)，向山 (1985, 128-130 頁)，白石 (1987, 107-137 頁) などを取り上げることができる。

(39) 本章における「小売商業形態」という用語は，百貨店やスーパーマーケットなどの「小売業態」とレギュラーチェーンやフランチャイズチェーンなどの「経営形態」を包摂する専門用語として用いている。「小売業態（業態)」は，小売業を「いかに売るのか（how to sell）」という販売方法の視点から認識する概念として用いられている。小売業の基本的要素となる「品揃え」「価格」「顧客サービス」「営業時間」「店舗環境」「立地条件」，そして「販売促進」などの「小売ミックス（retailing mix）」から創造される営業形態の類型となる。この概念が用いられるようになるまでは，小売業を分類するに際して「何を売るのか（what to sell）」という取扱商品の視点から認識する「小売業種（業種)」の概念が用いられてきた。多くの小売業が「業種」の壁を越えて品揃えや顧客サービスを創造するようになり，実態を明確に把握するために「業態」という概念が必要となった（石原 1999）。

(40) 日本においては，40 年ほど前から教科書で取り上げられてきた。例えば鈴木・田村 (1980) では，「アメリカでは 19 世紀後半から 20 世紀の半ばまでに，百貨店，チェーン・ストア，スーパーマーケット，ディスカウント・ハウスなどが相次いで登場した。新しい登場者は，それぞれの革新に固有の方法による低い営業費が可能とさせた低価格を基礎に，消費者をひきつけようとする。この新しい形態が消費者の支持を得て成長すると，競争相手となった形態から顧客を奪いとっていく。それとともに，低価格を訴えていた形態がしだいに格上げ（trade up）してくる。つまり取扱商品の品質を向上させ，店舗の立地，規模，設備を改善し，販売促進にもいっそう努力するようになり，営業経費を引き上げ，利幅（マージン）の上昇を余儀なくさせ，もはや低価格訴求ではありえなくなる。それが『弱み』となって，次の革新者が，新しいアイデアで低コストで参入してくる可能性をもたらすことになる」(152-153 頁) と紹介さ

れている。

　　また近年に出版された高嶋・髙橋（2020）では，「革新的小売企業は，既存小売業の需要を奪うことで市場地位を確立するが，それに伴って，その成功が他社の新規参入を生み出し，やがて企業間の競争も激化する。すると，その小売企業は，他社との差別化を図るために，サービス水準の向上，すなわちトレーディングアップ（格上げ）で対抗する。なぜなら，類似の経営方式を持つ追随業者が次々と参入すると，価格面だけでは差別的有利性を持たなくなるため，品揃え，サービス，設備の向上などを通じた付加価値競争が展開されるようになるからである。その結果，革新的小売企業が当初行っていた低コスト・低マージン経営は，高コスト・高マージン経営へとトレーディングアップする。したがって，このことが，次の新たな革新的小売企業が低マージン・低価格の形態で市場に参入する余地を生み出す」（29 頁）と紹介されている。

(41) 例えば田島編（1980）では，「1958 年にアメリカのマックネア教授（M.P. McNair）が "Wheel of Retailing"（小売の輪の仮説といわれることもある）という言葉で示した仮説で，小売業変化のパターンを述べたものである。この説によれば，通常新しい形態をとる小売機関は，低い営業費による低価格訴求によって参入し，既存小売機関との間に激しい価格競争を起こしながらも，その販売高は増大する。やがてその成長性に注目した同形態の追随者が参入し，次第に先発の価格面での優位性は崩れ始める。もはや先発は，ディスカウンターとしての影が薄れ，価格でなくサービス面を充実しようとし始める。そのために，これら機関は，多額の投資と営業費の投入を必要とするようになり，高いコストと高価格によって代表されるような形態の小売機関へとその性格が変わる。その結果，別に新しい安売り技術を発明した新しい形態の小売機関が，低価格訴求によって参入してくることになる。以上のような変容過程を通じて，新しい小売機関が登場してくることをマックネアは描いたわけだが，アメリカにおける百貨店，チェーン・ストア，スーパー・マーケット，ディスカウント・ハウスと続く小売機関の登場をみた場合，マックネアの仮説はかなり当てはまっており，すべてに適用できないとしてもかなり有効なものであろう」（30-31 頁）と説明されている。

　　また久保村・荒川編（1982）では，「小売業には歴史的にみてつぎつぎと新しい形態が出現している。この小売業における形態（タイプ）の動態的な展開に関する理論仮説のうち，もっとも著名なものが，マックネアー（M.P. McNair）によるこの説であって，日本語では多様な表現がなされている。アメリカでは 19 世紀後半から 20 世紀の半ばまでに百貨店，チェーンストア，スーパーマーケット，ディスカウント・ハウスなどが相次いで登場した。新しい登場者は，それぞれの革新に固有の方法による低い営業費によって可能となった低価格によって，消費者を吸引しようとした。その新しい形態が消費者の支持をえて成長すると，競争相手の形態から顧客を奪いとるとともに『格上げ』してくる。つまり商品の品質の向上，立地，規模，設備の改善，販売促進の増加を行う。それにより営業費は増加し，利幅（マージン）の上昇を余儀なくさせ，低価格訴求ではありえなくなり，それが『弱み』となってつぎの革新者が新しいアイデアにより低コストで参入する可能性をもたらす」（87 頁）と説明されている。

　　そして日本経済新聞社編（2000）では，「ハーバード大学の M.P. マクネアー（Mc-

Nair）教授が 1958 年に提唱した理論仮説で，小売業の形態は低マージン大量廉価販売から高マージン・高サービス販売へという循環を繰り返すというもの。その過程は次の通り。一般の産業社会では，つねに生産過剰があり，それが大量販売方式の出現を促す。この大量販売形態は最初は何らかの技術革新または低サービスによる低コストを武器に低価格販売を行う。しかし，すぐに同じような販売方式を採用する店舗または企業が多く出てくるため，競争は他店よりも品ぞろえを充実して差別化を図る方向に進む。このため薄利多売で回転率の高い商品を扱うだけでなく，相対的に回転率の低い商品をも扱わなければならなくなる。当然利幅も大きくする必要が出てくる。こうなると当初大量廉価販売を売り物にしていた店が高いマージン営業に転換してしまい，新たに別の形態の大量廉価販売の店が出現する余地が生まれる。このように小売りの形態の変化は同じような過程をたどり，あたかも 1 つの輪を回り続けているようなので，小売りの輪と名づけられた」（58-59 頁）と説明されている。

さらに和田・日本マーケティング協会編（2005）においては，「M・P・マクネアによって提唱された小売業の業態成長循環理論。新しい小売業態は，既存業態よりも低コスト構造を武器に低価格訴求で参入して発展していくものととらえている。低価格訴求により一定期間業態として成長することになるものの，新規参入等業態内での競争が激化していくことで，新しい小売業態は従来の低価格，低コストによる競争から，差別化を求めて品揃え，品質，サービスといった付加価値の競争にシフトさせていくことになる。付加価値の競争にシフトしていくと，そこに再び低価格訴求によるまったく新規の小売業態が出現するという，業態の循環型成長構造」（70-71 頁）と説明されている。

(42) 例えば，2012 年 10 月 3 日に実施された第 40 回 2 級の問題で以下の問題が出題されている。なお，実際の出題に際しては，「小売の輪」にカッコは付されていない。ここでは，本書の表記法に合わせてカッコを付けることにする。

第 6 問　「小売の輪」の理論（文章穴埋め問題）

次の文章は，「小売の輪」の理論について述べている。文中の〔　〕の部分に，下記の語群のうち最も適当なものを選んで，答案用紙の所定欄にその番号をマークしなさい。

> 「小売の輪」の理論とは，次のような小売業態のサイクル理論である。「新たな革新的な業態は，〔ア〕を基盤として，価格訴求を行うことで既存業態に対して〔イ〕な地位を得る。革新的業態が市場での成功を収めると，他者が同様の形態で〔ウ〕する。こうした競争の過程で，商品の品質や店舗施設などの〔エ〕をはかるために，非価格競争を展開する。その後，この革新的な業態は〔オ〕を失い，そこにまた別の革新的業態がアを基盤に市場に出現する。」

【語群】
1. 適度　2. 低コスト経営　3. 差別化　4. 撤退　5. 高コスト経営
6. 追随　7. 価格競争力　8. 優位　9. 細分化　10. 品ぞろえの総合化
（解答：〔ア〕2，〔イ〕8，〔ウ〕6，〔エ〕3，〔オ〕7）

(43) Hollander（1960），p. 37.〔嶋口訳（1979），99 頁〕
(44) Hollander（1960），p. 41.〔嶋口訳（1979），103 頁〕
(45) Hollander（1970），p. 194.
(46) Hollander（1980），p. 79.
(47) Hollander（1960），pp. 40-41.〔嶋口訳（1979），102-103 頁〕
(48) Alderson（1965），p. 238.〔田村他訳（1981），291 頁〕
(49) Alderson（1965），p. 238.〔田村他訳（1981），291 頁〕
(50) 笹川（1996），2-3 頁。
(51) Goldman（1975），pp. 56-57；Goldman（1978），pp. 201-202.
(52) Goldman（1975），p. 59；Goldman（1978），pp. 204-205.
(53) Kaynak（1979），p. 243.
(54) 例えば，台湾の経験を分析した劉（1994）を取り上げることができる。台湾における
スーパーマーケットの登場は，中間所得者層や高所得者層を標的として百貨店の地下
に出店するものが多く，高価格と高サービスに特徴づけられたことについて言及して
いる。しかし，多くの人々が伝統的な生鮮市場での買い物を好み，標的として設定し
た顧客層にも受け入れられなかった。このように台湾における革新的な小売機関は，
「小売の輪」とは逆のパターンで登場してきたことを指摘している。
　　また，D'Andrea *et al.*（2010）は，ラテンアメリカにおける経験を分析している。
同地域における革新的な小売機関の登場は，その大部分が先進諸国の小売企業によっ
て持ち込まれてきた。それらは現地市場で高品質や高価格に特徴づけられるもので，
ラテンアメリカで大部分を占める低所得者層の需要に対応するものではなかった。こ
れも「小売の輪」とは逆のパターンの存在を指摘するものとなる。しかし近年では，
低所得者層の需要に寄り添う革新的な小売機関が現地企業によって生み出されている
ことに注目している。それらは，既存の伝統的な小売機関よりも低価格で優れた商品
やサービスを提供することに特徴づけられているという。結論として，ラテンアメリ
カにおいては，低所得者層を対象とする市場で「小売の輪」が回転していることを指
摘している。
(55) Savitt（1984），p. 45.
(56) 本格的な実証分析に挑戦した数少ない研究成果として久保（2017）を取り上げること
ができる。日本における新たな小売業態の登場と発展の過程を「在庫回転率（価格の
代理変数）」と「粗利益率（サービスの代理変数）」という側面から認識し，50 年間
のパネルデータを構築した上で定量的に分析している。その結果，日本における「小
売の輪」は，①低価格・低サービスだけではなく高価格・高サービスでも新規小売業
態が参入していること，そして②新たな評価基準を提示する「格上げ」だけではな
く，既存の評価基準に沿った「持続的イノベーション」という形で回転してきたこと
を検証している。
(57) Savitt（1988），pp. 38-39.
(58) Hollander（1966），p. 29.
(59) 代表的なものとしては，関根（1985），向山（1985, 1986），Brown（1987; 1988a），

そして小川（1993）を取り上げることができる。

(60) McNair（1958），p. 1.

(61) McNair（1958），p. 22.

(62) McNair and May（1976），p. 68.〔清水訳（1982），84 頁〕

(63) McNair and May（1976），p. 96.〔清水訳（1982），121-122 頁〕

(64) McNair and May（1978）pp. 86-91.〔江口訳（1979），27-34 頁〕

(65) この点については，清水（1982）も「1957 年の最初の発言以降，引き続きマクネア自身による本格的な発言がなかったこともあって，彼の発言をめぐるこれまでの議論は必ずしも彼の真意に沿うものとはならなかったようである」（192 頁）と述べている。

(66) Hollander（1960），p. 37.〔嶋口訳（1979），99 頁〕

(67) 厳密には，7 ヵ所で用いている。ただし，1 ヵ所については「小売の輪」を指すものではなく，「車輪の輻（spokes of a wheel）」を表現する言葉として用いられている（McNair 1958, p. 19）。したがって，当該部分は換算していない。

(68) McNair and May（1976），pp. 1-2.〔清水訳（1982），1-3 頁〕

(69) 清水（2007），53 頁。

(70) McNair（1931c），p. 39.

(71) McNair *et al*.（1937），p. 18.

(72) Salmon（1969），p. 51.

(73) Salmon（1969），p. 52.

(74) Hollander（1960），pp. 40-42.〔嶋口訳（1979），102-103 頁〕；Savitt（1988），pp. 38-39.

(75) 例えば McCammon（1963）は，「革新の発展にかかわる最も包括的な理論」（p. 488），また Halbert（1965）は「それはすべての小売機関に当てはまらないが，かなり共通のパターンを描写している」（p. 80），そして Brown（1990）も「小売業の研究が独自に生み出した数少ない理論の１つである」（p. 143）と評価している。

(76) Brown（1988b），p. 70；Brown（1990），pp. 146-147.

(77) なお，「小売の輪」については，世界各国における流通業（とりわけ，小売業）の発展や消費のパターンがグローバリゼーションの影響を受けながらも，各国の環境条件に備わる固有性に立脚して具現化される原理を追究する比較流通論の先駆けとなった（Hollander 1960, p. 40〔嶋口訳（1979），102 頁〕；Kaynak 1979）。また，こうした研究が異国の小売市場や流通システムを把握する視点を提供しており，小売業の国際化に関する研究の基礎となっている（Hollander 1968, pp. 5-6；Hollander 1970, pp. 194-195）。例えば Hollander（1970）は，発展途上国における革新的な小売機関は高価格市場に参入する形で登場し，それから格下げを図ることで市場を拡張する「トリクリング・ダウン（trickling down）」が見られることについて言及している（p. 195）。

(78) ただし同書の冒頭で，「最初の回転する車輪という概念では，どのような形態の小売機関も，革新から始まり，急激な成長，そして時には最終的な衰退というように，おおよそ同様の段階を辿るということを示唆したのである」（McNair and May 1976, p. 3.〔清水訳 1982，4-5 頁〕）と述べることで車輪の比喩表現に対する自身の考えを表明している。

(79) この点については，マクネアが同書でドヴ・イズラエリ（Dov Izraeli）の論文を引用していることから確認できる（McNair and May 1976, p. 9〔清水（1982），9 頁〕）。ホランダーの議論に触発されたイズラエリは，同論文で「小売の輪」に高コスト経営に基づく「高価格」と「高サービス」に特徴づけられる革新者が登場することの可能性を包摂した「小売の 3 つの輪（three wheels of retailing）」を提唱している（Izraeli 1973）。

(80) ここでの「『小売の輪』の輪」という表現はブラウンが用いたもので，「小売の輪」に端を発する一連の研究成果を指すものである（Brown 1988a；Brown 1988b, p. 71；Brown 1990, pp. 146-147）。

■参考文献

日本語文献（五十音順）

荒川祐吉（1966）「商業の本質と商業政策の基礎原理に関する一考察」『調査月報』（62），国民金融公庫調査部，29-45 頁。

荒川祐吉（1969）『商業構造と流通合理化』千倉書房。

荒川祐吉・白石善章（1977）「小売商業形態展開の理論：『小売の輪』論と『真空地帯』論」『季刊 消費と流通』1（1），日本経済新聞社，88-93 頁。

石原武政（1999）「小売業における業種と業態」『流通研究』2（2），日本商業学会，1-14 頁。

小川　進（1993）「小売商業形態変化研究の現状と課題」『経営年報』（39），神戸大学経営学部，219-241 頁。

木綿良行（1979）「小売業形態論序説」『經濟研究』（66），成城大学経済学会，55-77 頁。

久保知一（2017）「小売の輪はどのように回転したのか？：小売業態イノベーションのマルチレベル分析」『流通研究』20（2），日本商業学会，65-79 頁。

久保村隆祐・荒川祐吉編（1982）『商業辞典』同文舘出版。

小原　博（1979）「小売業形態発展理論の吟味：W.R. ダビッドソンの所論を中心に」『経営経理研究』（21），拓殖大学経営経理研究所，107-132 頁。

笹川洋平（1996）「小売の輪の仮説の 1 つの今日的解釈：現代小売戦略空間に対するマクネアの洞察」『福岡大学商学論叢』40（3），福岡大学総合研究所，1005-1027 頁。

佐藤　肇（1971）『流通産業革命：近代商業百年に学ぶ』有斐閣。

清水　猛（1982）「訳者のあとがき」清水　猛訳『"小売の輪"は回る：米国の小売形態の発展』有斐閣，192-196 頁。

清水　猛（2007）「マーケティング研究の分析枠組：M.P. マクネアの小売形態展開論を中心に」『横浜商大論集』41（1），横浜商科大学学術研究会，49-69 頁。

白石善章（1976）「小売商業構造変動論について」『六甲台論集』23（1），神戸大学大学院研究会，40-50 頁。

白石善章（1982）「小売商業形態展開の一試論」『マーケティングジャーナル』2（3），日本

マーケティング協会，10-18 頁。

白石善章（1987）『流通構造と小売行動』千倉書房。

白石善章（2014）『市場の制度的進化：流通の歴史的進化を中心として』創成社。

鈴木安昭（1967）「小売業構造における形態について」『青山経営論集』2（2），青山学院大学経営学会，13-37 頁。

鈴木安昭・田村正紀（1980）『商業論』有斐閣。

鈴木安昭・白石善章編（1995）『最新商業辞典』同文舘出版。

関根　孝（1985）「小売営業形態展開の理論的考察」『研究論叢』（31），東京都立大学短期大学学術研究会，15-47 頁。

高嶋克義・髙橋郁夫（2020）『小売経営論』有斐閣。

田島義博編（1980）『流通用語辞典』東洋経済新報社。

田村正紀（2001）『流通原理』千倉書房。

田村正紀（2008）『業態の盛衰：現代流通の激流』千倉書房。

徳永　豊（1992）『アメリカの流通業の歴史に学ぶ』中央経済社。

鳥羽欽一郎（1974）『アメリカの流通革新：消費者志向の歴史と理念』日本経済新聞社。

中西正雄（1996）「小売の輪は本当に回るのか」『商學論究』43（2/3/4），関西学院大学商学研究会，21-41 頁。

中野　安（2007）『アメリカ巨大食品小売業の発展』御茶の水書房。

日本経済新聞社編（2000）『流通用語辞典（18 版）』日本経済新聞。

向山雅夫（1985）「小売商業形態展開論の分析枠組（1）：諸仮説の展望」『武蔵大学論集』32（2・3），武蔵大学経済学会，127-144 頁。

向山雅夫（1986）「小売商業形態展開論の分析枠組（2）：分析次元とその問題点」『武蔵大学論集』34（4），武蔵大学経済学会，17-45 頁。

吉原正彦（1999）「ハーバード・ビジネス・スクールとウォレス・B・ドナム」『青森公立大学経営経済学研究』4（2），青森公立大学，2-23 頁。

劉　宗其（1994）「"小売の輪"は何故回転しないのか：台湾における大規模小売業発展過程の分析」『慶応経営論集』11（3），慶応義塾経営管理学会，33-46 頁。

和田充夫・日本マーケティング協会編（2005）『マーケティング用語辞典』日本経済新聞出版。

外国語文献（アルファベット順）

Alderson, W.（1965）*Dynamic Marketing Behavior*, R. D. Irwin.〔田村正紀・堀田一善・小島健司・池尾恭一訳（1981）『動態的マーケティング行動：マーケティングの機能主義理論』千倉書房〕

Babin, B.J., Feng, C. and Borges, A.（2021）"As the Wheel Turns toward the Future of Retailing," *Journal of Marketing Theory and Practice*, 29（1）, pp. 78-91.

Bolen, W.H.（1978）*Contemporary Retailing*, Prentice-Hall.

Brown, S.（1987）"Institutional Change in Retailing: A Review and Synthesis," *European Journal of Marketing*, 21（6）, pp. 5-36.

Brown, S.（1988a）"The Wheel of the Wheel of Retailing," *International Journal of Retail-*

ing, 3 (1), pp. 16-37.

Brown, S. (1988b) "Wheels within Wheels: A Rejoinders to Ron Savitt," *International Journal of Retailing*, 3 (4), pp. 70-71.

Brown, S. (1990) "The Wheel of Retailing: Past and Future," *Journal of Retailing*, 66 (2), pp. 143-149.

Brown, S. (1991) "Variations on a Marketing Enigma: The Wheel of Retailing Theory," *Journal of Marketing Management*, 3 (4), pp. 131-155.

Bucklin, L.P. (1972) *Competition and Evolution in the Distributive Trades*, Prentice-Hall.

Copeland, M.T. (1920) *Marketing Problems*, A.W. Shaw Company.

D'Andrea, G., Silvestri, L., Costa, L., Fernandes, L. and Fossen, F. (2010) "Spinning the Wheel of Retailing in Latin America," *International Studies of Management & Organization*, 40 (2), pp. 52-73.

David, D.K. (1922) *Retail Store Management Problems*, A.W. Shaw Company.

David, D.K. (1954) "Preface," in McNair, M.P. and Hersum, A.C. (eds.), *The Case Method at the Harvard Business School: Papers by Present and Past Members of the Faculty and Staff*, McGraw-Hill, pp. vii-ix. 〔慶応義塾大学ビジネス・スクール訳 (1977)「編集者序文」『ケース・メソッドの理論と実際：ハーバード・ビジネス・スクールの経営教育』東洋経済新報社, v-viii 頁〕

David, D.K. and McNair, M.P. (1926) *Problems in Retailing*, A.W. Shaw Company.

Dickinson, R. (1988) "Lessons from Retailers' Price Experiences in the 1950s," in Nevett, T. and Fullerton, R.A. (eds.), *Historical Perspectives in Marketing: Essays in Honor of Stanley C. Hollander*, Lexington Books, pp. 177-192.

Fernie, F., Fernie, S. and Moore, C.M. (2015) *Principles of Retailing*, Routledge.

Gist, R.R. (1968) *Retailing: Concepts and Decisions*, John Wiley and Sons.

Greer, R.R. (1985) "Malcolm Perrine McNair, 90, Retailing Expert at Harvard," *The New York Times*, September 10.

Goldman, A. (1975) "The Role of Trading-Up in the Development of the Retailing System: How important is trading-up in the Development of New Retailing Institutions?" *Journal of Marketing*, 39 (1), pp. 54-62.

Goldman, A. (1978) "Institutional Changes in Retailing: An Updated 'Wheel of Retailing' Theory," *Foundations of Marketing Channels*, Lone Star Publishers, Inc., pp. 189-211.

Halbert, M. (1965) *The Meaning and Sources of Marketing Theory*, McGraw-Hill.

Hollander, S.C. (1960) "The Wheel of Retailing," *Journal of Marketing*, 25 (1), pp. 37-42. 〔嶋口充輝訳 (1979)「『小売の輪』仮説について」『季刊 消費と流通』3 (1), 日本経済新聞社, 99-104 頁〕

Hollander, S.C. (1966) "Notes on the Retail Accordion," *Journal of Retailing*, 42 (2), pp. 29-40, 54.

Hollander, S.C. (1968) "The Internationalization of Retailing: A Foreword," *Journal of Retailing*, 44 (1), pp. 3-12.

Hollander, S.C. (1970) *Multinational Retailing*, Institute for International Business and Economic Development Studies, Michigan State University.

Hollander, S.C. (1980) "Oddities, Nostalgia, Wheel and Other Patterns in Retail Evolution," in Stampfl, R.W. and Hirschman, E. (eds.) *Competitive Structure in Retail Markets: The Department Store Perspective*, American Marketing Association, pp. 78-87.

Hunt, S.D. (1976) *Marketing Theory: Conceptual Foundations of Research in Marketing*, Grid. 〔阿部周三訳 (1979)『マーケティング理論：マーケティング研究の概念的基礎』千倉書房〕

Izraeli, D. (1973) "The Three Wheels of Retailing: A Theoretical Note," *European Journal of Marketing*, 7 (1), pp. 70-74.

Kamakura, W., Kopalle, P.K. and Lehmann, D.R. (2014) "Empirical Generalizations in Retailing," *Journal of Retailing*, 90 (2), pp. 121-124.

Kaynak, E. (1979) "A Refined Approach to the Wheel of Retailing," *European Journal of Marketing*, 13 (7), pp. 237-245.

Kaynak, E. (1988) "Application of Theories of Retailing to Developing Economies," Kaynak, E. (ed.), *Transnational Retailing*, Walter de Gruyter, pp. 249-264.

Kraemer, R. (1925) "Retail Method of Inventory. By Malcolm P. McNair," *The University Journal of Business*, 4 (1), pp. 96-97.

May, E. and McNair, M.P. (1977), "Department Stores Face Stiff Challenge in Next Decade," *Journal of Retailing*, 53 (3), pp. 47-58.

McCammon, B.C. (1963) "Alternative Explanations of Institutional Change and Channel Evolution," in Greyser, S.A. (ed.), *Toward Scientific Marketing*, American Marketing Association, pp. 477-490.

McNair, M.P. (1925) *Retail Method of Inventory*, A.W. Shaw Company.

McNair, M.P. (1931a) "Department Store Rentals. I," *Harvard Business Review*, 9 (2), pp. 178-190.

McNair, M.P. (1931b) "Department Store Rentals. II," *Harvard Business Review*, 9 (3), pp. 339-347.

McNair, M.P. (1931c) "Trends in Large-Scale Retailing," *Harvard Business Review*, 10 (6), pp. 30-39.

McNair, M.P. (1950) "Thinking Ahead," *Harvard Business Review*, 28 (3), pp. 18-23, 136-144.

McNair, M.P. (1954) "Tough-Mindedness and the Case Method," in McNair, M.P. and Hersum, A.C. (eds.), *The Case Method at the Harvard Business School: Papers by Present and Past Members of the Faculty and Staff*, McGraw-Hill, pp. 22-24. 〔慶応義塾大学ビジネス・スクール訳 (1977)「硬い心とケース・メソッド」『ケース・メソッドの理論と実際：ハーバード・ビジネス・スクールの経営教育』東洋経済新報社, 33-36 頁〕

McNair, M.P. (1958) "Significant Trends and Developments in the Postwar Period," in Smith, A.B. (ed.), *Competitive Distribution in a Free High-Level Economy and Its Implications for the University*, University of Pittsburgh Press, pp. 1-25.

McNair, M.P., Applebaum, W. and Salmon, W. J. (1964) *Cases in Food Distribution*, R.D. Irwin.

McNair, M.P., Brown, M.P., Leighton, D.S.R. and England, W.B. (1957a) *Problems in Marketing*, McGraw-Hill.

McNair, M.P., Burnham, E.A. and Hersum, A.C. (1957b) *Cases in Retail Management*, McGraw-Hill.

McNair, M.P. and Gragg, C.I. (1930) *Problems in Retail Distribution*, McGraw-Hill.

McNair, M.P. and Gragg, C.I. (1931) *Problems in Retail Store Management*, McGraw-Hill.

McNair, M.P., Gragg, C.I. and Teele, S.T. (1937) *Problems in Retailing*, McGraw-Hill.

McNair, M.P. and Hansen, H.L. (1949a) *Problems in Marketing*, McGraw-Hill.

McNair, M.P. and Hansen, H.L. (1949b) *Readings in Marketing*, McGraw-Hill.

McNair, M.P. and Hersum, A.C. (1954) *The Case Method at the Harvard Business School: Papers by Present and Past Members of the Faculty and Staff*, McGraw-Hill.〔慶応義塾大学ビジネス・スクール訳 (1977)『ケース・メソッドの理論と実際：ハーバード・ビジネス・スクールの経営教育』東洋経済新報社〕

McNair, M.P., Learned, E.P. and Teele, S.T. (1942) *Problems in Merchandise Distribution*, McGraw-Hill.

McNair, M.P. and May, E.G. (1963) *The American Department Store 1920-1960: A Performance Analysis Based on the Harvard Reports*, Harvard University.

McNair, M.P. and May, E.G. (1976) *The Evolution of Retail Institutions in the United States*, The Marketing Science Institute.〔清水　猛訳 (1982)『"小売の輪" は回る：米国の小売形態の発展』有斐閣〕

McNair, M.P. and May, E.G. (1978) "The Next Revolution of the Retailing Wheel," *Harvard Business Review*, 56 (5), pp. 81-91.〔江口泰広訳 (1979)「"小売の輪" が描く小売業の未来図」『Diamond ハーバード・ビジネス』4 (1), ダイヤモンド社, 23-34 頁〕

McNair, M.P. and Meriam, R.S. (1941) *Problems in Business Economics*, McGraw-Hill.

Salmon, W.J. (1969) "Leaders in Marketing: Malcolm P. McNair," *Journal of Marketing*, 33 (2), pp. 51-52.

Savitt, R. (1984) "The 'Wheel of Retailing' and Retail Product Management," *European Journal of Marketing*, 18 (6/7), pp. 43-54.

Savitt, R. (1988) "Comment: 'The Wheel of the Wheel of Retailing'," *International Journal of Retailing*, 3 (1), pp. 38-40.

Sheth, J.N., Gardner, D.M. and Garrett, D.E. (1988) *Marketing Theory: Evolution and Evaluation*, John Wiley and Sons.〔流通科学研究会訳 (1991)『マーケティング理論への挑戦』東洋経済新報社〕

Smith, A.B. (1958) *Competitive Distribution in a Free High-Level Economy and Its Implications for the University*, University of Pittsburgh Press.

Worrall, S. and Newman, A. (2014) "Wheel of Retailing," in Lee, N. and Farrell, A.M. (eds.), *Wiley Encyclopedia of Management*, 3rd Edition, Volume 9. Marketing, Wiley, pp. 573-574.

事 項 索 引

153

人 名 索 引

155

<＜原著者紹介＞

マルカム・P・マクネア（Malcolm P. McNair）

ハーバード・ビジネス・スクール名誉教授
　1920 年ハーバード・ビジネス・スクール専任講師，1924 年同ビジネス・スクール助教，1927 年同ビジネス・スクール准教授，1931 年同ビジネス・スクール教授，1950 年同ビジネス・スクールリンカーン・フィレーン記念講座教授，1963 年同ビジネス・スクール退職

【主要業績】
　The Retail Method of Inventory, A.W. Shaw, 1925
　Problems in Retailing（co-edited），McGraw-Hill, 1937
　The Case Method at the Harvard Business School（co-edited），McGraw-Hill, 1954
　Marketing through Retailers（co-edited），American Management Association, 1967
　The Evolution of Retail Institutions in the United States（co-edited），Marketing Science Institute, 1976 ほか多数

<＜訳・解説者紹介＞

鳥羽　達郎（とば　たつろう）

富山大学経済学部教授・博士（地域政策学）
　神戸商科大学（現　兵庫県立大学）大学院経営学研究科博士後期課程単位
取得満期退学
　2005年大阪商業大学総合経営学部専任講師，2008年同大学准教授，2010
年富山大学経済学部准教授，2015年より現職

【主要業績】
『欧米小売企業の国際展開』（共編著）中央経済社，2019年
『マーケティング学説史・アメリカ編Ⅱ』（共著）同文舘出版，2019年
『日系小売企業のアジア展開』（共編著）中央経済社，2017年
『グローバル・ポートフォリオ戦略』（共著）千倉書房，2015年
『日本企業のアジア・マーケティング戦略』（共著）同文舘出版，2014年
ほか多数

2022年5月20日　初版発行　　　　　　　　　略称：小売の輪

「小売の輪」の循環
—アメリカ小売業の発展史に潜むダイナミクス—

著者・訳者 Ⓒ 鳥　羽　達　郎
発行者　　中　島　治　久

発行所　同 文 舘 出 版 株 式 会 社
東京都千代田区神田神保町1-41　　〒101-0051
電話 営業(03)-3294-1801　　編集(03)-3294-1803
振替 00100-8-42935　　http://www.dobunkan.co.jp

Printed in Japan 2022　　　　　　　製版・印刷・製本：三美印刷
装丁：山田絵里花

ISBN978-4-495-65013-1

JCOPY〈出版者著作権管理機構 委託出版物〉
本書の無断複製は著作権法上での例外を除き禁じられています。複製される場合は，そのつど事前に，出版者著作権管理機構（電話 03-5244-5088，FAX 03-5244-5089，e-mail: info@jcopy.or.jp）の許諾を得てください。